アーツ・アンド・クラフツの建築

カバーデザイン＝山口信博
本文組版＝高木達樹

アーツ・アンド・クラフツの建築

片木 篤

目次

序 …… 3

アーツ・アンド・クラフツの建築への視座
モダン・ライフの確立
モダン・ライフ――ウィリアム・モリスの事例

一 レッド・ハウスからケルムスコット・マナーへ …… 17

レッド・ハウス
ゴシック・リヴァイヴァルの建築論
モリスの建築論
ウェッブのスタジオ・ハウス
ウェッブのカントリー・ハウス
ケルムスコット・マナーへ

二 オールド・イングリッシュ様式とクィーン・アン様式 …… 39

リチャード・ノーマン・ショウ
オールド・イングリッシュ様式――スタジオ・ハウスでの試行
オールド・イングリッシュ様式――カントリー・ハウスでの洗練
クィーン・アン様式――もう一つの折衷様式
クィーン・アン様式――スタジオ・ハウスから郊外住宅へ
古典化への道

三　様々なギルド……63

アート・ワーカーズ・ギルドとアーツ・アンド・クラフツ展示協会
レサビーの建築論
レサビーの建築作品
バタフライ・プランの実験
ネオ・ジョージアン様式への展開
北部アート・ワーカーズ・ギルド
センチェリー・ギルドとギルド&スクール・オブ・ハンディクラフト
ギムソンとバーンズ兄弟

四　ホワイト・コテジ……91

C・F・Aヴォイジー
ベッドフォード・パーク、サウス・パレード一四番地
ペリークロフトとブロードリーズ
伝統と個性
M・H・ベイリー・スコット
ブラックウェル
「夢の家」
郊外住宅での実現

五　「より高度なゲーム」……115

エドウィン・ランシア・ラッチェンス
ジーキルとマンステッド・ウッド
付加的平面のシンメトリー化

中庭型からH字型平面へ
ジーキルとラッチェンスの庭園
古典主義への傾斜
大規模建築への展開

六　スコティッシュ・バロニアル・リヴァイヴァルと世紀末グラスゴーの建築……141
チャールズ・レニー・マッキントッシュ
スコテッシュ・バロニアル様式とその復興
マッキントッシュの住宅
ロバート・ロリマーとリヴァイヴァリズムの隘路
グラスゴーのオフィスビル
ウィロウ・ティールームとグラスゴー美術学校

七　エドワード朝バロック様式と帝都ロンドン……165
帝都ロンドンの変容
公立小学校様式
フリー・スタイル
リチャードソンの影響
イングリッシュ・ルネサンス様式からイングリッシュ・バロック様式へ
ミケランジェロへの関心
バロック様式の渉猟
ボザールの浸透から裸の古典主義へ

あとがき……190
主要参考文献／図版出典……iii

序

アーツ・アンド・クラフツの建築への視座

本書は、アーツ・アンド・クラフツ運動[*1]を中心にして、一八六〇年代から一九一四年までのイギリス建築を概観するものである。イギリスでは一八六〇年代頃から「住宅復興」[*2]と呼ばれる中流階級用住宅の建設ブームが始まり、一九一四年の第一次世界大戦勃発によって、この住宅から始まった建設ブームに幕が降ろされた。同時期は、ヴィクトリア女王（在位一八三七–一九〇一年）とエドワード七世（在位一九〇一–一〇年）の名を冠して、後期ヴィクトリア朝・エドワード朝と呼ばれているので、本書の表題には、後期ヴィクトリア朝・エドワード朝建築と付ける方が相応しいかもしれない。が、本書を『アーツ・アンド・クラフツの建築』と名付けたのは、アーツ・アンド・クラフツの建築の理論とデザイン、更にはそれらの変容を、後期ヴィクトリア朝・エドワード朝建築の多様な動向の中に位置付けようと考えたからである。

一九一四年が、近代史のみならず近代建築史上極めて重要な年であることは周知の通りである。同年、ル・コルビュジエ[*3]が「ドミノ」住宅を発表したし、ドイツ工作連盟・ケルン博覧会では、ヴァルター・グロピウス[*4]とアドルフ・マイヤー[*5]設計のモデル工場、ブルーノ・タウト[*6]設計のガラス・パヴィリオンが来たるべき建築像を提示した。それればかりではない。同博覧会ではヘルマン・ムテジウス[*7]とアンリ・ヴァン・ド・ヴェルド[*8]がかの有名な論争を戦わせた。イギリスの「住宅復興」をドイツに紹介し、ドイツ

*1 Arts and Crafts Movement

*2 Domestic Revival

*3 Le Corbusier, 1887–1966

*4 Water Gropius, 1883–1969

*5 Adolf Meyer, 1881–1929

*6 Bruno Taut, 1880–1938

*7 Hermann Muthesius, 1861–1927

*8 Henri Van de Velde, 1863–1957

工作連盟を創設したムテジウスが、建築における「標準化」を提唱したのに対し、ゼツェッションの流れを引くヴァン・ド・ヴェルドが建築家個人の自由な創造を擁護したのである。建築史家ニコラウス・ペヴスナーは、『近代運動のパイオニア—ウィリアム・モリスからヴァルター・グロピウスまで』[*9]において、上記論争でムテジウス側が勝ち、そのムテジウスの路線に沿って一九一九年にグロピウスがバウハウスを創設したと見て、表題にあるようにモリスからムテジウスを経てグロピウスに至るという近代運動のパイオニアの「主流」を見事に描き出した。そしてそうすることで、アーツ・アンド・クラフツ運動を近代運動の源流として位置付けたのである。同じくペヴスナー著『近代建築・デザインの源泉』[*10]では、アーツ・アンド・クラフツ、アール・ヌーヴォー、工業デザインの三つを源泉として取り上げ、アーツ・アンド・クラフツ運動に関しては、ウィリアム・モリス[*11]のデザインが「過去に大きく依存しておらず、(中略)真に独創的である」[*12]こと、「住宅復興」において住宅という大衆向けの建築が課題として取り上げられたこと[*13]を評価している。ペヴスナーにとって、「全ての者が共有できない芸術に、我々は何の用があろうか」[*14]と問うモリスは、「二〇世紀の真の予言者である」[*15]が、「機械生産が生活の前提となっているのは全くの悪である」[*16]と断ずるモリスは、「一九世紀の方式と偏見にとらわれたままである。」[*17]何故なら、「大衆の世紀である二〇世紀」においては、「科学・技術・大量生産・大量消費・マスコミュニケーションが、(中略)大衆のための建築とデザインに

*9 N.Pevsner, *Pioneers of Modern Movement : From William Morris to Walter Gropius*, London, 1936; *Pioneers of Modern Design : From William Morris to Walter Gropius*, New York, 1949, revised edition, Harmondsworth, 1960. ニコラウス・ペヴスナー、白石博三訳『モダン・デザインの展開』みすず書房、一九五七年

*10 N.Pevsner, *The Sources of Modern Architecture and Design*, London, 1968. ニコラウス・ペヴスナー、小野二郎訳『モダン・デザインの源泉』美術出版社、一九七六年

*11 William Morris, 1834-96

*12 Ibid., p.27.

*13 Ibid., p.29.

*14 J.W.Mackail, *The Life of William Morris*, London, 1899, Vol.II, p.99.

*15 N.Pevsner, *Pioneers of Modern Design*, p.22.

*16 May Morris ed., *Collected Works of William Morris*, Vol.XXII, pp.335-336.

*17 N.Pevsner, op.cit., pp.24-25.

凝集していき、新しい材料、新しい技術が大衆のためになし得るものへと凝集していく」[18]ことが求められているからである。

このようなペヴスナーの見方は、「グロピウスからモリスへ」と歴史を逆に辿っていく「パイオニア・ハンティング」[19]と言われたり、現在に至るまでの発展に結び付けられる事物のみを評価し、現在を肯定しようとする「ホイッグ史観」[20]であると言われたりしても致し方あるまい。あるいはそれを、ナチスによって追放されたドイツのユダヤ人建築家をイギリスが受け入れてくれるようにするための地ならしであったと見ることもできよう[21]。ペヴスナー批判にかまけて我々が見失ってならないのは、彼の言う「時代精神」という集団主義的な枠組では、アーツ・アンド・クラフツ運動を中心とした後期ヴィクトリア朝・エドワード朝建築の個人主義で多元的な動向はとらえ切れず、またそれらが意図的に排除されてしまっているという点である。

実際、一九一四年当時のイギリス建築の状況を「進歩的」とは言い難い。リチャード・ノーマン・ショウ[22]一九一二年没、フィリップ・スピークマン・ウェッブ[23]一九一五年没というように、「住宅復興」を担った第一世代の建築家が一九一四年前後に没し、それに呼応するかのように、同年出版されたジェフリー・スコット著『ヒューマニズムの建築』[24]では、古典様式を正当化する建築論が示され、かつ受け入れられたからである。

本書では、アーツ・アンド・クラフツ運動をムテジウス、グロピウスへと短絡して一つの「主

*18 N.Pevsner, *The Sources of Modern Architecture and Design*, pp.7–8.

*19 J.Summerson, 'The British Contemporaries of Frank Lloyd Wright', *Studies in Western Art*, Vol.IV, Princeton, 1963, pp.78–87. J.Summerson, *The Turn of the Century : Architecture in Britain around 1900*, Glasgow, 1976, p.1.

*20 D.Watkin, *Morality and Architecture*, Oxford, 1977, Prefatory notes. デイヴィッド・ワトキン、榎本弘之訳『モラリティと建築』鹿島出版会、一九八一年、九頁

*21 M. Tafuri and F. Dal Co, *Modern Architecture 2*, New York, 1986, p.229. マンフレッド・タフーリ、フランチェスコ・ダル・コ、片木篤訳『近代建築2』本の友社、二〇〇三年、二一頁

*22 Richard Norman Shaw, 1831–1912

*23 Philip Speakman Webb, 1831–1915

*24 G. Scott, *The Architecture of Humanism*, London, 1914.

流」を浮かび上がらせるのではなく、むしろそれをジェフリー・スコットへと至る様々な対立がせめぎあう複綜した流れの中に位置付けようとしている。後期ヴィクトリア朝・エドワード朝の建設ブームでは、多くの有能な建築家が輩出し、建築に関する多くの同人誌、商業誌が創刊された[*25]。また建築家という職能が問い直され、様々な団体や教育機関が創設された[*26]。まさしく建築の大衆化とそれに伴う建築の情報化・制度化の幕開けであった。そしてもし本書が、これらからみ合いもつれ合う糸玉を弄んでいるように見えるのであれば、「建築において整然とした歴史は決して本当の歴史ではない」というサマーソンの言葉を借りて弁明するしかなかろう。

モダン・ライフの確立

それにしても、なぜアーツ・アンド・クラフツの建築を取り上げなければならないのだろうか。自然の素材、豊壌な色彩、頑丈な構法、精妙なディテールなど、一つ一つの部品まで丹精込めて手作りされた建築は、築百年を経た今も生き長らえ、慈しみをもって使われている。機械製という新しい技術が導入され始めた時期に、手製という古い技術が最後のきらめきを発したと言うべきであろうか。それをノスタルジックに懐かしむこともできるし、今ならば環境への配慮や持続性という観点から評価することもできよう。確かにモリスは工場制機械生産を否定したが、それだけをことさらポジティヴに評価することは、そ

*25 *The Country Life*, 1887; *The Studio*, 1893; *The Architectural Review*, 1896.

*26 王立英国建築家協会(Royal Institute of British Architects)は、一八三四年創設、一八六六年に王立協会となり、一八八七年には会員に資格試験を課した職能団体となった。教育機関を見ると、一八四七年に創設された建築協会(Architectural Association)では、初代校長ロバート・カー(Robert Kerr, 1823-1904)により、徒弟制度に縛られた建築学徒に対して「建築家による建築家」教育が夜間に実施され、一九〇一年以降は昼間教育も行なわれるようになった。王立美術学校(Royal College of Art)は、一八三七年に応用芸術の教育機関として創設、一八五二年に実用芸術中央学校に改称、一八九六年には再び元の名称に戻された。一九〇〇年以降、同校の装飾・デザイン教授はウィリアム・レサビーが、建築教授はベレスフォード・パイトが務めた。

れをネガティヴに評価し、アーツ・アンド・クラフツ運動を一顧だにしない見方*27の単純な裏返しに過ぎない。後期ヴィクトリア朝・エドワード朝のイギリスでは、工場制機械生産に密接に関係しながら、中流階級の核家族による職住分離という生活様式、即ちモダン・ライフが確立され、そうして分離された「職」と「住」を収める新たな建築が要求されるようになった。本書で言うところのアーツ・アンド・クラフツの建築とは、この要求に対して確たる思想をもってトータル・デザインしようとした最初の試みの成果物なのであり、その点にこそ注目しなければならないのである。

中流階級（middle class）とは、有閑階級（leisure class）と労働者階級（working class）の文字通りの「中間」として位置付けられる。有閑階級とは、所有する土地から地代という不労所得を得る階級であり、労働者階級とは、農業であれ工業であれ身体労働によって賃金を得る階級である。それらの「中間」にある中流階級は、商業・工業資本家＝ブルジョワジー（bourgeoisie）と専門職（professional）という頭脳労働に従事する階級であるが、彼らは労働と余暇のいずれかに偏するのではなく、一日を労働－余暇に切り分ける生活を営むようになった。つまり、夫が一日のうち一定時間その頭脳労働に従事すれば、その給与でもって妻子ともども残り時間を余暇として楽しめるようになったのである。このことを別の視点から見ると、労働を共有する単位であった大家族が、夫の労働のみで扶養され、余暇だけを共有する単位としての核家族へと解体されたと言い換えることができる。L・ストーンによると、古い大

*27 M. Tafuri and F. Dal Co, *Modern Architecture 1*, New York, 1986, pp.7-13. マンフレッド・タフーリ、フランチェスコ・ダル・コ、片木篤訳『近代建築1』本の友社、二〇〇二年、六－一三頁

家族は、親族、隣人、友人という「外」に対して開かれていたのに対し、平等な友愛結婚と長寿化により、夫-妻-子という「内」の情緒的絆が強化された新たな家族、即ち「内向的に閉鎖された核家族」[*28]が生み出されたとされるが、その情緒的絆が一家団欒という余暇によって育まれていったのである。

そうした労働-余暇の時間的分離は、両者の空間的分離、即ち職住分離を伴うことは必定であろう。かつてのロンドン商人は、商情報が交換されるシティ内の住宅に住み、そのフロント・パーラーでは顧客を応接したり、契約を交わしたりしていたが、一八世紀ともなると、ロンドン近郊に別宅を建て、そこに家族を住まわせるとともに、自らは毎日自家用馬車で商店兼本宅に通う商人が現われるようになった。そのようにして労働の場である都心の商店と余暇の場である郊外の住宅とが空間的に分離され、そこで必然的に生じる移動時間が、盛期ヴィクトリア朝には、最新の交通基盤—鉄道によって短縮されるようになった。その結果、住宅は労働-余暇を包含したものから、余暇だけを収めるものへと変化した。また上下水道、ガス、電気などの生活基盤が順次整備されるにつれ、住宅は水・エネルギーを生産-消費する自給自足的な単位ではなくなり、他所で大量に生産され輸送されてくる水・エネルギーを消費する単位となって、そのための端末設備—台所の調理器具、便所・浴室の衛生器具、各室の照明器具などを備えるようになったのである。

第二次・第三次産業の労働に従事する者にとっての余暇が、第一次産業=農業(agriculture)

*28 L.Stone, *The Family, Sex and Marriage in England 1500-1800*, New York, 1977, p.7.

のシミュレーションとしての園芸(horticulture)であったという事実は、興味深い。夫が仕事帰りにパブに立ち寄り仲間同士で痛飲すれば、心身を麻痺させるだけであるが、いち早く帰宅して家族とともに園芸に勤しめば、心身を再生(recreation)することができる。このようにして園芸を「禁酒運動」[*29]と連動した余暇として推奨する動きがある一方、中流階級は、園芸を農業経営者としての有閑階級の生活を縮約したものと見做し、憧憬したのである。戸建住宅の囲われた庭園(garden)が広大な地所の林苑(park)へと連なることは望むべくもないが、少なくともそこでは、降り注ぐ陽光、清らかな空気、色鮮やかな緑の中で、身体を自由に動かすことができる。屋外での風光明媚が衛生(hygiene)によって裏打ちされ、それが通風、採光、各種設備といった屋内の衛生と相俟って、夫のみならず家族皆の心身の再生産が図られたのである。ムテジウス著『英国の住宅』[*30]が、台所の調理器具、便所・浴室の衛生器具や配管、照明器具ばかりでなく、庭園にまでかなりの頁を割いているのは、まさに炯眼《けいがん》と言うべきであろう。

他方、大量の商品が生産、輸送、消費されるにつれ、それに伴う大量の事務作業を捌くことのできる組織＝株式会社と、空間＝オフィスビルが必要とされ、かつては個人商店兼本宅が建っていた都心の敷地に建てられるようになった。とは言っても、都心が労働の場だけで占拠された訳ではなかった。美術館、劇場、百貨店、ティールーム、ホテル——金がありさえすれば誰もが一時的に有閑階級のごとく振る舞えるような、有閑階級のタウン・

*29 Temperance Movement

*30 H.Muthesius, *Das englische Haus*, Berlin, 1904-05; English translation, *The English House*, London, 1979.

ハウスの代用品――など新しい余暇の場も作られ、郊外の住宅に住む妻子も折に触れ都心に出てきては、家族で健全な余暇を楽しめるようになった。男性にはパブやクラブといった仲間同士で飲食できる施設が用意されていたものの、当時まで女性が外食することはなく、また外食する女性は娼婦と見間違えられた。男女が同席して食事をとることのできるティールームやホテルのレストランが、そうした因習を打ち破ったのだが、女性は未だ余暇の場だけに囲い込まれていたのである。

かくして有閑階級と労働者階級の「中間」たる中流階級のモダン・ライフが、最新技術による都市基盤の助けを借りながら、都市と田園の「中間」たる郊外を水平方向に押し広げ、やがては都心を垂直方向に押し上げていくことになる。モダン・シティが胎動し始めたのである。

モダン・ライフ―ウィリアム・モリスの事例

それではモダン・ライフとは、具体的にはどのようなものであったのだろうか。試みにアーツ・アンド・クラフツ運動の主唱者、ウィリアム・モリスの職能・家族・住宅を見てみよう。

モリスは、一八三四年、シティの証券仲買業者の共同経営者、ウィリアム・モリスの長男としてウォルサム・ストウのエルム・ハウスで生まれた。一八四七年、一三歳にして父を失うが、十分な遺産を相続したため、生計を立てるために働かなければならなくなった訳ではなく、新設のパブリック・スクール、モールバラ校からオックスフォード大学に入学した。一八五六年に大学卒業、ジョージ・エドマンド・ストリート[*31]事務所で修業を積んだが、兄事するラファエル前派の画家、ダンテ・ガブリエル・ロセッティ[*32]の忠告に従って、建築家になるという夢を断念した。代わりに、一八六一年、壁面装飾、装飾彫刻、ステンドグラス、金工、家具を取り扱うモリス・マーシャル・フォークナー商会[*33]（一八七五年、モリス商会に改組）を設立、その内ステンドグラスはエドワード・コーリー・バーン＝ジョーンズ[*34]が、家具はフィリップ・ウェッブが主として担当、モリス自身は、壁紙、染物・織物のテキスタイル、カーペット、タペストリーのデザイン・製作を担当した（図1）。更に一八九一年にはケルムスコット・プレス[*35]を設立、印刷にも手を広げたのである。

モリスは、モダン・ライフを取り巻く紙と布、そうしたありとあらゆる被膜をデザインした。そこから自立したインテリア・デザインあるいはインテリア・コーディネーションという考え方と職能が生まれたのだが、逆にモリス自身は、モダン・ライフを包む内側の被膜をデザインすることしかできなかったと言えなくもない。しかも、彼が最初に取り組んだのが壁紙であったというのは、いかにも皮肉である。なぜなら、壁紙はテキスタイルやタペストリーの代用品として工場で機械生産されるべきものであり、とりもなおさずそれは、壁の真なる構造と素材を覆い隠し、偽のイリュージョンを提供する被膜であるからである。そこから彼は、テキスタイル、カーペット、タペストリーという本物の手製へと遡っ

*31 George Edmund Street, 1824–81
*32 Dante Gabriel Rossetti, 1828–82
*33 Morris, Marshall, Faulkner & Co.
*34 Edward Coley Burne-Jones, 1833–98
*35 Kelmscott Press

図1　モリス・マーシャル・フォークナー商会の製品。モリスによる「果物」の壁紙と「ユリ」のカーペット、ウェッブによる衣装箪笥・長椅子・食卓・燭台、バーン＝ジョーンズによる衣装箪笥とタイルの絵付け、ロセッティの名前を冠した「ロセッティ・チェア」（左手奥）

ていったのだが、それらはかえって富裕なブルジョワジーしか購えない高級品となってしまったのである。

モリスは、一八五六年、ロンドン、ブルームズベリーのアッパー・ゴードン・スクエア一番地でバーン＝ジョーンズと共同生活を始めたが、すぐさまレッド・ライオン・スクエア一七番地に転居、翌年にはセトル（長椅子）を初めいくつかの椅子やテーブルをデザインし製作させた。一八五九年、ロセッティが絵のモデルとして見い出したジェイン・バーデンと結婚、一八六〇年にはケント州ベックスリー・ヒースにフィリップ・ウェッブと共同設計した新居、レッド・ハウスに入居、そこで矢継ぎ早に長女ジェイン・アリス、次女メアリーを授かった。しかしながら、一八六五年、モリス・マーシャル・フォークナー商会がレッド・ライオン・スクエア八番地からクィーン・スクエア二六番地に移転したのに伴い、モリス一家はレッド・ハウスを売却して、その上階に移り住むこととなった。新婚当初計画していた職住分離を断念せざるを得なかったのである。

モリスはまた、核家族を育むこともできなかった。妻ジェインは一八六七年頃から再びロセッティの絵のモデルとなり、両者が親密になっていくにつれ、夫モリスは詩作に没頭し、あらんことか、不眠症で薬物依存するようになったロセッティをジェインが看病できるようにと、一八七一年、コッツウォルズ地方のケルムスコット・マナーを借り受けたのである。そのケルムスコット・マナーを別宅として持ち続けながら、モリス一家は、一八七二年にはターナム・グリーンのホリトン・ハウスに、一八七八年にはハマースミスのアッパー・モール二六番地――それはケルムスコット・マナーに因んでケルムスコット・ハウスと呼ばれるようになった――に転居、そこでモリスは織物、カーペット、タペストリーの製作を開始した。染物は、一八八一年にマートン・アビーに開いた工房で製作したが、一八九一年のケルムスコット・プレス設立時には、またもやケルムスコット・ハウスの近所に工房を開設したのである。

モリスが子供時代を過ごしたウォルサム・ストウと新婚時代を過ごしたベックスリー・ヒースは、ロンドンの東側、テムズ河の北と南に位置している。商会はロンドン、ブルームズベリーにあるが、ロンドン西郊の本宅ケルムスコット・ハウスと別宅ケルムスコット・マナーは、大学時代を過ごしたオックスフォードを介してテムズ河で結ばれている。モリスはモダン・ライフを包む被膜のデザインを紛物から本物へと遡っていった。同時に、核家族による職住分離というモダン・ライフを断念し、芸術家や職人が集う職住近接の生活を送りながら、最初の近代住宅と称されるレッド・ハウスから、ジョージアン様式のケルムスコット・ハウスを経て、テューダー様式のケルムスコット・マナーに至るまで、丁度『ユートピアだより』[*36]の主人公と同じように、テムズ河を東から西へと遡行していった。実際、一八九六年、モリスは本宅ケルムスコット・ハウスで死去、亡骸は直ちに別宅ケルムスコット・マナー近くの墓地に埋葬されたのである。

*36 W.Morris, *New from Nowhere*, 1890. ウィリアム・モリス、松村達雄訳『ユートピアだより』岩波文庫、一九六八年

モリス自身のモダン・ライフの挫折は、モダン・ライフをトータル・デザインしようとしたアーツ・アンド・クラフツ運動の蹉跌を予見してはいないだろうか。仮にそうだとしても、その蹉跌こそが、我々にモダン・ライフあるいはモダン・デザインとは何かを考えさせてくれるに違いない。そういう思いを胸に抱いて、レッド・ハウスからケルムスコット・マナーへの旅に出ることにしよう。

一　レッド・ハウスからケルムスコット・マナーへ

レッド・ハウス

アーツ・アンド・クラフツ運動の主唱者ウィリアム・モリスと、彼の友人であり同志である建築家フィリップ・ウェッブの手になるレッド・ハウス[*1]（一八五九年、図2-4）は、アーツ・アンド・クラフツ運動とその建築活動を見ようとする者にとって、まず最初に見なければならない出発点である。モリスが建築家を志し、一八五六年にストリート事務所に入所した時、その事務所のチーフ・ドラフツマンがウェッブであった。モリスはその後建築を断念、工芸に専心することになるのだが、モリスとウェッブの親交は途絶えることなく、一八五九年のモリスの結婚に際して、新婚夫婦の住宅がウェッブの手によって設計された。このモリス自邸は、ウェッブがストリート事務所から独立を果たした最初の作品であるとともに、モリスはもとよりウェッブやバーン＝ジョーンズが家具やステンドグラスのデザインを手掛け、一八六一年にモリス・マーシャル・フォークナー商会を設立する契機となった作品でもある。

レッド・ハウスは、「新しい芸術文化の最初の住宅、内と外とが統合された全体として構想され建てられた最初の住宅、近代住宅史の最初の実例」[*2]、あるいは「新しい理想と実践の新しい時代を表わしている」[*3]とも評されて、近代住宅の嚆矢として位置付けられてきた。そしてこの住宅の画期的な点として、外壁が全て赤レンガで造られていること――「住宅におけるこの材料の使用の最初の例」[*4]、窓の大きさ・プロポーション・位置

*1 Red House, Bexley Heath, Kent, 1859.

*2 H. Muthesius, op.cit., p.106; English translation, p.17.

*3 L. Weaver, *Small Country House of Today*, London, 1911, p.180.

*4 H. Muthesius, op.cit., p.106; English translation, p.17

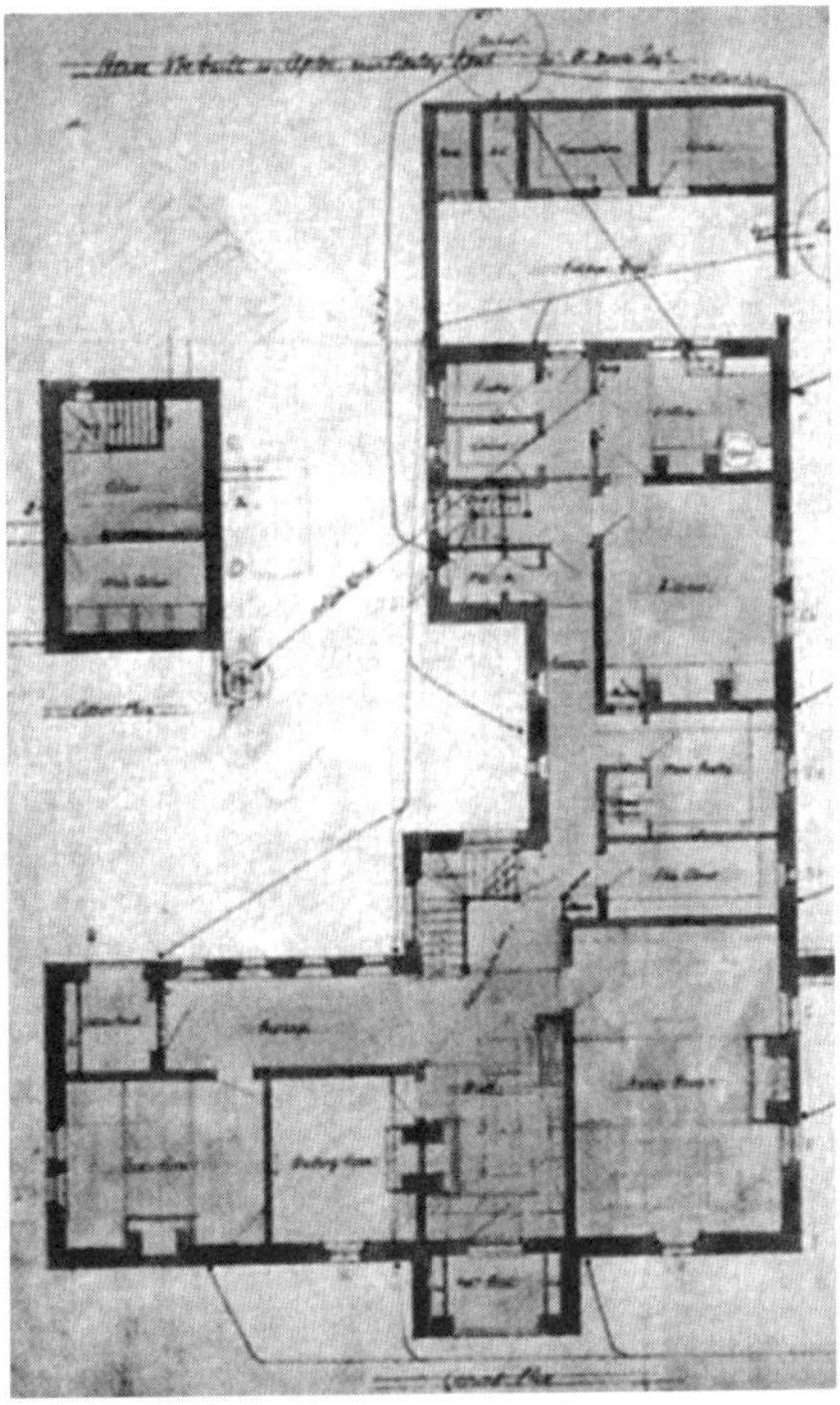

図2　レッド・ハウス、南立面、ベックスリー・ヒース、ケント、一八五九年、フィリップ・ウェッブ設計（下村純一撮影）
図3　レッド・ハウス、一階平面

図4　レッド・ハウス、北立面（下村純一撮影）

図5　牧師館、ヘンザル、ヨークシャー、一八五四年、ウィリアム・バターフィールド設計

が部屋の機能と配置に対応していること、全体にゴシックの色彩が残っているとはいえ不必要な装飾や様式の洗練化が避けられていること、が挙げられてきたのである。

しかし、実際にはこれら全ての特質は、ウェッブの師ストリートやウェッブが崇拝した数少ない先達の一人でヴィクトリア朝ゴシック・リヴァイヴァルを代表する建築家ウィリアム・バターフィールド[5]が設計した牧師館（図5）などに見られるものである[6]。試みにレッド・ハウスの正面（図4）を見てみよう。この正面については「ここには時代と呼ばれるものがほとんど残されていない。ここに歴史主義に対する革命の始まりがある」[7]と言われているが、これとバターフィールドが設計したグレート・ブッカム教区学校[8]（一八五六－五八年）――ウェッブはこの建物を訪れ、スケッチまで残している――とを比較してみると、全体のマスの配置、ヒップド・ゲーブル、煙突のディテールに驚くべき相似が見られ、実際、レッド・ハウスの初期案ではテューダー様式であった煙突が、実施案ではバターフィールド特有のマッシヴなものに変更されているのである。また白塗り木製上げ下げ窓と尖頭アーチという異なる様式の組み合わせにも、バターフィールドやストリートの影響が見られるが、それは、様式への無関心が様式を否定するのではなく、逆に職人特有の無頓着さによる様式の折衷を促した結果と見るべきであろう。要するに、レッド・ハウスはバターフィールドやストリートの影響下にあったウェッブの未熟な処女作であると考えるべきであり、「ウェッブ自身それをもう二度と見たくも聞きたくもないとよく言ったものだ」[9]

という証言もそのことを裏付けている。

ゴシック・リヴァイヴァルの建築論

レッド・ハウスがそうであったように、モリスの建築論もまた、ゴシック・リヴァイヴァル、特にオーガスタス・ウェルビー・ノースモア・ピュージン[*10]とジョン・ラスキン[*11]の考え方から影響を受けた。一八三〇年代に興ったゴシック・リヴァイヴァルは、オックスフォード運動、ケンブリッジ・カムデン協会という宗教活動の高まりを背景としながら、従来の古典様式、特に摂政期のピクチュアレスク折衷主義に対する批判と、それに取って代わるべきゴシック様式の復興を唱え、かつそれを実践に移した建築運動であった。そのゴシック・リヴァイヴァルの急先鋒を担ったのが、熱狂的なカトリック改宗者ピュージンであった。ピュージンは言う。「現代の建築作品と中世のそれとを比較すると、後者の方が優れている。」[*12]何故なら、それが「宗教の信心に満たされた人々から放射されたコンポジション」[*13]を持っている、換言すると、それが「具体化されたキリスト教信仰、例示されたその実践」[*14]であるからである。「建築は、その誕生の恩恵を負っているところの宗教と共に下落した」[*15]以上、その処方は「（中世と）同じような輝かしい感情を持つことだけが、同じように輝かしい結果を生む」[*16]所に求めなければならない。ここで、カトリシズムが真正なものであるから、その表現であるゴシック様式も真正であるという宗教

*5 William Butterfield, 1814–1900
*6 P. Thompson, 'William Butterfield', in Peter Ferriday ed., *Victorian Architecture*, London, 1963, p.172.
*7 N. Pevsner, *Some Architectural Writers of the Nineteenth Century*, Oxford, 1972, p.273.
*8 Parish School, Great Bookham, Surrey, 1856–58.
*9 G. Jack, 'An Appreciation of Philip Webb', in A. Service ed., *Edwardian Architecture and Its Origins*, London, 1975, p.18.
*10 Augustus Welby Northmore Pugin, 1812–52
*11 John Ruskin, 1819–1900
*12 A. W. N. Pugin, *Contrast*, first edition, 1836, p.1.
*13 Ibid., p.2.
*14 A. W. N. Pugin, *Contrast*, second edition, 1841, p.3.
*15 A. W. N. Pugin, *Contrast*, first edition, 1836, p.3.
*16 Ibid., p.11.

倫理の価値が建築論に導入されることになる。そしてそのゴシックの真正さ(truth)は、以下の二つの原理、即ち「第一に、便利さ、構造、適合性に不必要なものは、建物にはあるべきでないこと、第二に、全ての装飾は建物の基本的な構造から成ること」[*17]によって裏付けられている。従って、「便利なプランからエレベーションをおこす」[*18]ことによって、「建物の各部はそれぞれ違った美しいものとなり、(中略)それはひとつの単調な正面によって覆い隠されることなく、かえってその形態と輪郭の多様性が建物の効果を増すことになる」[*19]のである。

ピュージンからラスキンへの理論への展開は、実務家の眼から美術批評家の眼へ、宗教倫理から社会倫理の価値への転回であると言ってよかろう。ピュージンはゴシック建築の機能と構造の中に「キリスト教信仰」という宗教倫理の真正さを見出すのに対し、ラスキンは、ゴシック建築の表面、材料のテクスチュアの「変化」の中に、中世職人の「豊穣で充実した物質世界への共感」と「豊穣なる労働の計算し得ない恵み」[*20]を見、更にそこから彼らの自由な創造を可能にした社会の真正さを読み取るのである。実務家ピュージンが建築外観の「効果」とその「ピクチュアレスクな美しさ」[*21]に言及するのに対し、批評家ラスキンはこう答える。「(ゴシックの建設者達は)、窓が欲しければそれを開け、部屋が欲しければそれを付け加え、バットレスが欲しければそれを建設したのであって、彼らは外観についての定められた慣習には全く無頓着であり、フォーマルなプランを敢えて妨げることが、

*17 A. W. N. Pugin, *The True Principles of Pointed or Christian Architecture*, 1841, p.1.
*18 Ibid., p.72.
*19 Ibid., pp.69-70.
*20 J. Ruskin, *The Stone of Venice*, Vol.2, 1853. E.J.Cook and A.Wedderburn, *The Works of John Ruskin*, London, 1903-12, Vol.X, pp.243-244. ジョン・ラスキン、福田晴虔訳『ヴェネツィアの石Ⅱ』中央公論美術出版、一九九五年、二〇六-二〇七頁
*21 A. W. N. Pugin, *The True Principles of Pointed or Christian Architecture*, p.72.

そのシンメトリーを傷つけるというよりもむしろ面白味を添えるものだということを知っていたのである。」[*22] モリスの言葉を借りてラスキンの思想を要約すれば、それは「いかなる時代の芸術も必ずその社会生活の表現でなければならないこと、中世の社会生活は職人に個人の表現の自由を与えるものであったが、我々の社会生活は職人にそれを禁じていること」[*23]となるだろう。そしてモリスの全活動は、この批評家ラスキンの教えを再び実践の場に移し変えることであった。

モリスの建築論

モリスはヴィクトリア朝の醜い環境を糾弾し、「全ての醜さは、現在の社会形態が我々に強要している生得倫理の下劣さの外部への表現である」[*24]と言う。元凶は資本主義社会における工場制機械生産である。機械生産によって工芸から芸術家が孤立し、芸術家はデザイナーという絵を描くだけの存在になってしまった。中世のクラフトマンシップをもう一度取り戻そう。そうすれば中世のように「全ての職人は芸術家」[*25]となり、今まで分けられていた工芸と芸術が再び統合され、「芸術は、人間の労働の喜びの表現である」[*26]ことに戻るのではないか。それには、我々はかつての職人がそうであったように、材料、構法、便利さに「誠実(honest)」でなければならない。だが、これだけではまだ十分ではない。「作る者にも使う者にも喜びとなるような、民衆のために、民衆によって作られる」[*27]芸術に

*22 J. Ruskin, op.cit., p.212. ジョン・ラスキン、前掲書、一七九頁

*23 W. Morris, 'The Revival of Architecture', 1888, in May Morris ed., op.cit., Vol.XXII, p.323.

*24 Ibid., Vol.XXIII, p.2.

*25 Ibid., Vol.XXIII, p.9.

*26 Ibid., Vol.XXII, p.42.

*27 Ibid., Vol.XXII, p.42.

は、「単純で誠実な生活」[*28]の前提が必要となるからである。芸術を再生させるためには社会を変革しなければならない。かくしてモリスは社会主義へと傾倒していくのである。モリスにとって糾弾されるべきは、資本主義＝工業社会であって、それに取って代わるべき社会の範としては、別に中世と限らなくとも工業化される以前の社会、「単純で誠実な生活」が保障される社会であれば良い。現代－中世という時間の対立が、都市－田園という空間の対立と交錯し重なり合うのはこの地平である。そして、そこからイギリスの田園に残されているヴァナキュラーな建築伝統の復興が提唱されることになる。建築に関して彼は言う。「新しい建物が建てられる時には、一般常識を用い、気取らずに、土地の良い材料を使って建てるならば、それは古い家々と一緒になって、真にその土地から生まれ出たものとなるだろう。」[*29]肝要なのは「単純で誠実な」「一般常識」なのであって、ゴシックという様式ではない。「新しい純粋な建築が生まれるのは、我々の意識的な様式における実験からではなく、むしろこのような必要から出た気取りのない建物からであろう。」[*30]こうした様式への無関心が、モリスのヴァナキュラー・リヴァイヴァルの特徴であり、ウェッブによって実践されていくことになる。

ウェッブのスタジオ・ハウス

ウェッブは、ラファエル前派を中心とする反アカデミーの美術団体、ホガース・クラ

*28 Ibid., Vol.XXII, p.47.

*29 Ibid., Vol.XXII, p.408.

*30 Ibid., Vol.XXII, p.429.

ブ[*31]（一八五八–六一年）に入会、そこで知り合った画家達が、レッド・ハウス以後のウェッブの施主となった。

サンドロイド[*32]（一八六〇–六一年）は、ロセッティが受注したオックスフォード・ユニオンの壁画制作に参加し、モリス・マーシャル・フォークナー商会にも協力したことのある画家ジョン・スペンサー・スタノープ[*33]のスタジオ・ハウスである。それは、資産を持つ若い芸術家が結婚に際してイングランド南部の田園に構えたスタジオ・ハウスという点でレッド・ハウスと同様であり、赤レンガ壁、尖頭アーチ下に収められた白塗り木製上げ下げ窓、マッシヴな煙突など、レッド・ハウスの特徴的要素を引き継いでいる。但し、ここでは廊下を介さず部屋を横に連ねた平面が試みられ、二階スタジオには白塗り木造骨組に大窓のうがたれた大ゲーブル――ここでもまたバターフィールドの牧師館の影響が見られる[*34]――が立ち上げられ、正面が強調されている。

スタノープの師である画家ジョージ・フレデリック・ウォッツ[*35]は、ロンドン西郊ケンジントン、ホランド・パークにあるトビー及びサラ・プリンセプ夫妻のリトル・ホランド・ハウスに長年居候し続けたが、その感化を受けて息子ヴァル・プリンセプ[*36]は画家を志すようになり、スタノープと同じく、オックスフォード・ユニオンの壁画制作にも参加した。彼のスタジオ・ハウス、ホランド・パーク・ロード一四番地[*37]（一八六四–六五年、増築一八七六–七七年、一八九二–九三年、図6–7）は、コンパクトな平面を持つ赤レンガ造の住宅で、二階

*31 The Hogarth Club

*32 Sandroyd, Fairmile, Cobham, Surrey, 1860–61.

*33 John Spencer Stanhope, 1829–1902

*34 バターフィールド設計によるアルヴィチャーチ牧師館（一八五五年）に同様の大ゲーブルを見ることができる。P.Thompson, *William Butterfield*, Cambridge, Mass., 1971, p.220, fig.149.

*35 George Frederic Watts, 1817–1904
ジョージ・フレデリック・ウォッツがロイヤル・アカデミーに出展した「テティス」（一八六六年）は、フレデリック・レイトンの「衣を脱ぐヴィーナス」（一八六七年）とともに、いわゆるヴィクトリア朝ヌードの端緒を拓いた作品で、フレデリック・レイランドが売約済みの前者を購入しようと躍起になったことは有名である。ウォッツは、一八六四年に十七歳の誕生日を目前に控えた女優エレン・テリーと結婚したが、エレンは一年足らずで実家に戻り、一八六七年には建築家ウィリアム・ゴドウィンと同棲、一八七四年にはこの同棲も破綻、一八七八年ライシアム劇場に迎えられた後、女優として大成した。

*36 Val(Valentine) Prinsep, 1838–1904

*37 14 Holland Park Road, Kensington, London, 1864–65, additions, 1876–77 and 1892–93.

図6　ホランド・パーク・ロード一四番地、ケンジントン、ロンドン、一八六四－六五年、増築一八七六－七七年、一八九二－九三年、フィリップ・ウェッブ設計
図7　ホランド・パーク・ロード一四番地、窓詳細
図8　パレス・グリーン一番地、ケンジントン、ロンドン、一八六七－七〇年、増築一八七三－七四年、フィリップ・ウェッブ設計

北側に一対のゲーブル、一対の尖頭アーチの大窓を持つ二層吹抜けのスタジオがとられており、その「ゲーブルを持つマスの快い配置と美しいスカイライン」[*38]が、隣接するジョージ・エイチソン[*39]設計の画家フレデリック・レイトン[*40]邸と好対照を見せている。ヴァル・プリンセプは、リヴァプールの海運業で財をなし、ラファエル前派のパトロンであったフレデリック・レイランド[*41]の娘フローレンスと一八八四年に結婚、一九八二年にフローレンスが遺産を相続した後、自邸の二度目の増築をウェッブに委託した。レイトン邸に増築された壮麗なアラブ・ホールに対抗して、ここでは巨大な音楽室やビリヤード室などが加えられたが、むしろ二階廊下に鉄骨の梁、コンクリートのヴォールトといった新構法が採られている点で特筆すべきであろう。ウォッツの居候するリトル・ホランド・ハウス、その南に新築されたレイトン邸とこのヴァル・プリンセプ邸を中核として、以後ホランド・パークの芸術家コロニー[*42]が形成されていくことになる。

後に第九代カーライル伯となるジョージ・ハワード[*43]も、画家を志してリトル・ホランド・ハウスのサロンに参加、そこで知り合った女性との結婚を機に、スタジオ・ハウスの設計をウェッブに委託した。このケンジントン・パレス西隣に建つパレス・グリーン一番地[*44]（一八六七–七〇年、増築一八七三–七四年、図8）でも、三階にゲーブルと尖頭アーチの大窓を持つスタジオがとられており、それが下階のベイウィンドウと相俟って、建物正面の垂直性を強調している。敷地は王領の借地で、そこに建てられる建物はデザインが審査されること

*38 Edward Godwin, 'Three Modern Architects', *Building News*, No.13, Nov. 30, 1866, pp.799–800.
*39 George Aitchison, 1825–1910
*40 Frederick Leighton, 1830–96
*41 Frederick Leyland, 1831–92
*42 Caroline Dakers, *The Holland Park Circle : Artists and Victorian Society*, New Haven, 1999. ホランド・パークには、ウォッツ、レイトン、ヴァル・プリンセプの他、ウォルター・クレイン（Walter Crane, 1845–1915）、アルバート・ムーア（Albert Moore, 1841–93）、エドワード・ポインター（Edward Poynter, 1836–1919）、ジョン・ウィリアム・ウォーターハウス（John William Waterhouse, 1849–1917）などの画家が集まり住んだ。
*43 George Howard, 1842–1911
*44 1 Palace Green, Kensington, London, 1867–70, additions, 1873–74.

図9　リンカーンズ・イン・フィールズ一九番地、ロンドン、一八六八－七〇年、フィリップ・ウェッブ設計
図10　ゼットランド・ロード七番地、ミドルズバラ、一八八一－九一年、フィリップ・ウェッブ設計
図11　ジョルドウィンズ、ドーキング、サリー、一八七二年、フィリップ・ウェッブ設計

になっていたが、ウェッブが当初設計していた赤レンガのゲーブルはその審査を通らず、最終的にはポートランド石のゲーブルに変えられたのである。八〇年代初頭までモリス商会により作り続けられたインテリアは、同商会の代表作に挙げられるが、現存していない。ロンドン郊外のスタジオ・ハウスに続けて、ウェッブによるオフィスビルに少しだけ触れておきたい。ラファエル前派のパトロンであった弁護士レオナード・ヴァルピーの事務所、ロンドン、リンカーンズ・イン・フィールズ一九番地[*45]（一八六八–七〇年、図9）では、平面中央に螺旋階段と便所から成る「コア」が配置されるとともに、パレス・グリーン一番地と同様、正面中央の石造ベイウィンドウとレンガ造大ゲーブルにより、垂直性が強調されている。それとバランスするのがコーニスのような石造バルコニーであるが、同様の深いコーニスは、製鉄会社ベル・ブラザーズ社屋、ミドルズバラ、ゼットランド・ロード七番地[*46]（一八八一–九一年、図10）にも見られ、そこでは、それが石造の下階とラフキャストの三連ゲーブルが連なる屋階とを仕切っているのである。

ウェッブのカントリー・ハウス

「ウェッブが我々の建築伝統に大きな貢献を成したのは、レッド・ハウスではなくて、彼の後期作品によってである。」[*47] レッド・ハウス以降ウェッブが建てたカントリー・ハウスでは、レッド・ハウスに見られたL字型平面は二度と使用されず、よりフォーマルで

*45 19 Lincoln's Inn Fields, London, 1868–70.

*46 7 Zetland Road, Middlesbrough, 1881–91.

*47 J. Brandon-Jones, 'The Work of Philip Webb and Norman Shaw', *Architectural Association Journal*, Vol.LXXI, 1955–56, p.10.

コンパクトな平面が採られていることに着目しよう。炭鉱主でホガース・クラブのメンバーであったフランシス・アストリーのカントリー・ハウス、アライセイグ[*48]（一八六三年）では、中央にホールを持ついわゆるヴィラ型平面が採られ、二層吹抜けの中央ホールの周りに一階では主要居室、二階ではギャラリーを介して寝室が配されている。レサビーによると、「ウェッブは常にフォーマルなアイデアから出発し、実用上の理由で必要がある時には常にそれを壊していった」[*49]とされるが、このことは、ウェッブが機能的要求に「誠実」に従って平面を立ち上げたと言うよりもむしろ、ウェッブが特定の機能的要求に先立って平面の原型を持っていたということを物語っている。著名な眼科医でウォッツのパトロンであったウィリアム・ボウマンのカントリー・ハウス、ジョルドウィンズ[*50]（一八七二年、図11）でも同じくヴィラ型平面が採られているが、ここでは立面四面のうち三面までが下見板貼りの三連ゲーブルを戴くシンメトリカルなもので、それらの隅には櫓のような煙突が立ち上げられている。この立面に見られる三連ゲーブルは、おそらくテューダー様式の小住宅から採集されたものであろうが、ウェッブは「家庭らしさのエッセンスを暗示する」[*51]モチーフとして愛用し、それが後の建築家に影響を及ぼすことになる。

ウェッブのイングランド北部人脈の双璧は、前述したジョージ・ハワードと製鉄業者アイザック・ロウジアン・ベルである。ウェッブは、恐らくはラスキンの紹介でベルと知り合

*48 Arisaig, Inverness, Scotland, 1863.

*49 J. Brandon-Jones, op.cit., p.13.

*50 Joldwynds, Dorking, Surrey, 1872.

*51 W.R.Lethaby, *Philip Webb and His Work*, Oxford, 1935, reprint, London, 1979, p.103.

図12　ラウントン・グレインジ、ノーサラートン近郊、ノース・ヨークシャー、一八七二–七六年、フィリップ・ウェッブ設計

図13　スミートン・マナー、グレート・スミートン、ノース・ヨークシャー、一八七七–七九年年、フィリップ・ウェッブ設計

図14　スミートン・マナー、一階平面

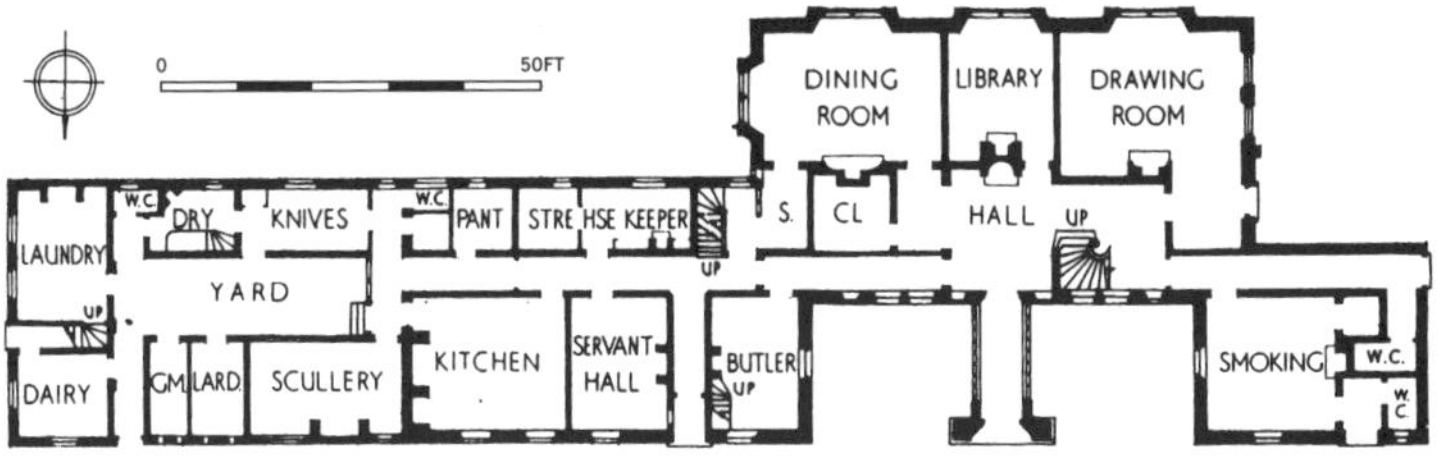
0
50FT
DINING ROOM
LIBRARY
DRAWING ROOM
W.C.
DRY
KNIVES
W.C.
PANT
STRE
HSE KEEPER
S.
CL
HALL
UP
LAUNDRY
YARD
UP
UP
GM
LARD
SCULLERY
KITCHEN
SERVANT HALL
BUTLER
UP
SMOKING
W.C.
W.C.
DAIRY

い、彼のカントリー・ハウス、ラウントン・グレインジ[*52]（一八七二–七六年、図12）を設計した。それもヴィラ型平面――「まず正方形を描き、それを縦横に分割せよ」[*53]という平面は、前述したベル・ブラザーズ社屋でも踏襲されている――であるが、ここでは主屋四隅に屹立した櫓によって立面のシンメトリーが強調されている。櫓の寄棟屋根はイングランド北部の伝統構法に則ったもので、急勾配の上部がパンタイル（桟瓦）葺、緩勾配の下部がスレート（石板）葺である。ベルの娘夫婦のための小住宅、スミートン・マナー[*54]（一八七七–七九年、図13–14）は、北廊下型と呼ばれる平面を持ち、北側にエントランスがとられ、エントランス・ホールに直交する廊下に沿って主要居室が線状に配されている。主屋は単純な直方体で、パンタイル葺の寄棟屋根から三本のマッシヴな煙突がシンメトリカルに突き出され、赤レンガ造の外壁には、ジョージ朝の白塗り木製上げ下げ窓が規則的に配されている。九〇年代になって、アーツ・アンド・クラフツのヴァナキュラー・リヴァイヴァルがより古典様式に忠実なネオ・ジョージアン様式に変質していくが、ウェッブの作品がその先駆となったのはいかにも皮肉である。少なくともラッチェンスのネオ・ジョージアン様式の住宅がこの影響を受けたことは疑いのないところである[*55]。

クラウズ[*56]（一八七九–九一年、図15–17）は、よりフォーマルな中央ホールを持つが、この住宅の設計当時、ウェッブが、パラディアニズムの建築家コリン・キャンベル[*57]がまとめた建築図集『ヴィトルヴィウス・ブリタニカス』[*58]からジョン・ヴァンブラ[*59]のキングズ・ウェ

*52 Rounton Grange, Northallerton, North Yorkshire, 1872–76.
*53 W.R.Lethaby, op.cit., p.93.
*54 Smeaton Manor, Great Smeaton, North Yorkshire, 1877–79.
*55 J. Brandon-Jones, 'Notes on the Building of Smeaton Manor', *Architectural History*, Vol.I, 1958, p.31.
*56 Clouds, East Knoyle, Wiltshire, 1879–91.
*57 Colen Campbell, 1679–1729
*58 *Vitruvius Britannicus*, Vol.I, 1715; Vol.II, 1717; Supplementary Vol., 1725.
*59 John Vanbrugh, 1664–1726

図15　クラウズ、イースト・ノイル、ウィルトシャー、一八七九–九一年、フィリップ・ウェッブ設計

図16　クラウズ、ドローイング・ルーム

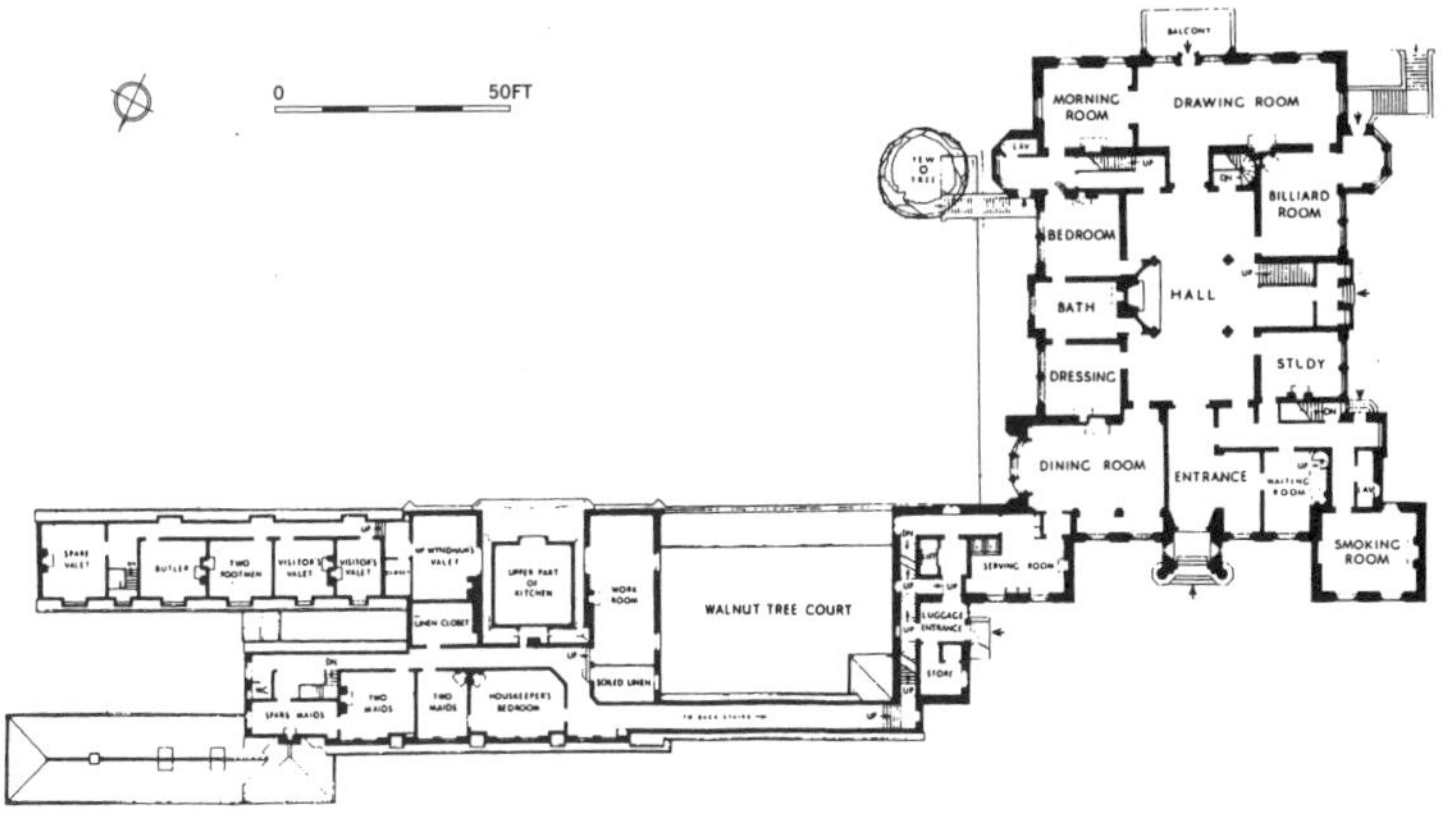

図17　クラウズ、一階平面

ストンの平面を写しとっていた事実[*60]を思い合わせると興味深い。南立面はシンメトリーなのだが、ジョルドウィンズの三連ゲーブルとラウントン・グレインジの櫓といったおなじみのモチーフを組み合わせたもので、全体としては「煩雑さ」の印象を拭い難い。それは、元来、農家やコテジから取ってきたモチーフを貴族院議員パーシー・ウィンダムのカントリー・ハウスに応用すること自体の矛盾から発しているのであろうか。ドローイング・ルーム（図16）を見ると、以前の住宅で見られたモリス商会独特の暗い色調が消え、その白いプラスターの壁や天井のモールディングに、初期ルネサンスやビザンチン彫刻を思わせるような歯切れの良さが感じられる[*61]。これもまた、後のネオ・ジョージアン様式のインテリアの先駆となっていくのである。

ウェッブ最後の傑作、スタンデン[*62]（一八九一―九四年、図18―19）は、ホランド・パーク三二番地に住んでいた弁護士、ジェイムズ・サミュエル・ビールのカントリー・ハウスである。ここではヴィラ型平面ではなく、横長の主屋片側からサーヴィス部を伸ばしたL字型平面が採られ、更にそのサーヴィス部と既存の農家とが連ねられて前庭が囲い込まれている。櫓や連続ゲーブルといった愛用モチーフは、ここでは立面のシンメトリーを整えることなく、ゆったりと不規則に配されて、丘の下にたたずむ農家のイメージが醸し出されている。インテリアは、クラウズ同様、白を基調とするが、ホールの暖炉（図19）では、アーチを突き破ったキーストーンが飾り棚を支えるというマニエリスムを思わせる古典要素の変形が

*60 J. Brandon-Jones, 'The Work of Philip Webb and Norman Shaw', p.18.

*61 J. Brandon-Jones, 'Philip Webb', in Peter Ferriday ed., op.cit., p.258.

*62 Standen, East Grinstead, Surry, 1891–94.

図18　スタンデン、イースト・グリンステッド、サリー、一八九一–九四年、フィリップ・ウェッブ設計（下村純一撮影）
図19　スタンデン、ホールの暖炉（下村純一撮影）

見られる。

後にラッチェンスはウェッブを次のように評した。「私は、自分の無知からではあるが、ウェッブの全作品に見られる新鮮さとオリジナリティは青年によるものだとばかり思っていた。その時、私は天才の常なる若さに気付かなかった訳であるが、それはもう一つの天才の特質—徹底さにつながるものであった。」[*63] ウェッブは建物の一つ一つの部分にこだわり、材料や構法への「誠実さ」の観点からそれを徹底的に吟味し変形していく。彼はディテールをいつも気にやんでいたと言われているが[*64]、その変形されたディテールが建物全体に対して如何なる効果を持ち得るのかという点には無頓着でいる。それが「新鮮さとオリジナリティ」と見られたり、逆に「醜いものへの好み」[*65]と見られたりした。ウェッブの部分への固執は、それだけで自己完結してしまい、全体としての建物の効果や統一を導くものではない。それはむしろ建物の全体性を否定していると言って良い。「私は欲しい所に窓を開けただけで結果は知らないというアプローチ」[*66]は、建築設計の方法論におけるモラリティの限界を示すものであろう。

ケルムスコット・マナーへ

モリスは社会主義を信奉しながらもモリス商会代表という資本家であった。ウェッブは職人の自由を信じながらも最後のディテールまで自分で設計する建築家であった。アーツ・

*63 E. Lutyens, 'The Work of the Late Philip Webb', *Country Life*, 1915, p.618.

*64 J. Brandon-Jones, 'Philip Webb', p.261.

*65 ノーマン・ショウは、ウェッブについて「非常に有能な人だが、醜いものを好む」と評したという。W.R.Lethaby, op.cit., p.75.

*66 M. Girouard, *The Victorian Country House*, Oxford, 1971, p.31.

アンド・クラフツの思想に内在するこうした矛盾は、農家のモチーフがちりばめられた外観、社会主義者によるインテリアを有する「我らが政治家の週末用宮殿」、クラウズに集約されている。モリス自身このことを自覚していたことは、ラウントン・グレインジの内装を行なっていた時、彼が「私は金持ちのいじきたない贅沢を満たすためだけに自分の人生を費した」[*67]と食ってかかったというエピソードから知ることができる。そしてこの解くことのできぬ矛盾が、モリスをケルムスコット・マナー（図20）へと誘ったのであろう。一八七一年、モリスはロセッティと共同で、テムズ河上流コッツウォルズ

*67 W.R.Lethaby, op.cit., p.94.

図20　ウィリアム・モリス著『ユートピアだより』表紙、ケルムスコット・プレス、一八九二年。挿絵はケルムスコット・マナーを描いたもの、活字はモリスがデザインしたゴールデン体

地方にある「エリザベス朝の古い石造の家、河や舟小屋や手頃な全てのものに近いその田園」[*68]を借り入れたが、その住宅、ケルムスコット・マナーは、モリス著『ユートピアだより』の終わり近くで描かれる理想の住宅に他ならなかった。テムズ河を遡ってきた「私」とエレンは、「遠い昔の素朴な田舎の人たちが建てた、破風のたくさん見える古い邸」にたどり着き、そこに入ろうとする時、エレンは次のようにつぶやくのである。「大地、そこから生れ出るもの、その営み！ わたしがそれをどんなに愛しているか、ああ、それが言えたら、それが示せたら。」[*69]このつぶやきが、後のアーツ・アンド・クラフツ運動の行方にこだましていくことになる。

*68 N. Kelvin ed., *The Collected Letters of William Morris*, Princeton, 1984-96, Vol.I, p.133.

*69 ウィリアム・モリス『ユートピアだより』、前掲書、三六三―三六五頁

二　オールド・イングリッシュ様式とクィーン・アン様式

リチャード・ノーマン・ショウ

一八五九年、フィリップ・ウェッブがレッド・ハウスを設計すべく独立した後、ストリート事務所のチーフ・ドラフツマンの席を継いだのが、リチャード・ノーマン・ショウである。ウェッブとショウは同年生まれ、同門出身であり、この二人の活動が六〇年代以降の「住宅復興」を主導していったと言っても過言ではない。

前述したように、「住宅復興」とは中流階級の住宅要求に対する建築家側からの応答であった。盛期ヴィクトリア朝では、多くの新興成金が輩出し、彼らのカントリー・ハウスが次々と建設されたが、そこでは、細分化された機能毎に部屋が設けられ、しかもそれぞれの部屋にそれぞれ異なる屋根が架けられて、建物全体としては複雑で不規則なシルエットが形作られていた。それは、ピュージンの教えに従っているとは言え、過度の機能分化と過度の様式的洗練を伴うものであったことは否めない。後期ヴィクトリア朝になって富が中流階級にまで行き渡り、彼らの住宅要求が高まってゆく中で、以上のようなカントリー・ハウスの設計方法では、彼らの望む住宅に対処し得ないことが明らかになった。中流階級の欲した中・小規模の住宅に対して、田園に散在する古いコテジ、ファーム・ハウス、マナー・ハウスを応用すること。それが、一方ではモリス－ウェッブのヴァナキュラー・リヴァイヴァルの源泉となり、他方では、ショウのオールド・イングリッシュ様式へと結実していったのである。

*1 George Devey, 1820-86

ショウのヴァナキュラーな建築伝統に対する態度は、ウェッブのそれとは対照的である。ウェッブ、ショウはともに、古い農家の壁のテクスチュアの変化やアシンメトリカルな窓の配置に注目するのだが、そこにウェッブは材料や機能に対する職人の「誠実さ」を読み取るのに対し、ショウはピクチュアレスクな効果を読み取る。その意味では、ウェッブはラスキンの教義やバターフィールドの設計方法に忠実であり、ショウはジョージ・ディヴィー[*1]の設計方法に近く、建物に変化の美を求めるピクチュアレスクの伝統に従っている。またウェッブ、ショウはともに、一定の様式を参照するのではなく、幅の広い折衷主義を採るのだが、ウェッブの場合は様式に無頓着な結果としての折衷主義であるのに対し、ショウの場合は意識的な混合操作としての折衷主義である。ウェッブは、地方毎にその地方のヴァナキュラーな建築様式を採用し、それを復興しようとするので、彼自身の個人様式を持たない、あるいは個人様式を持つことを拒否している。それに対して、ショウは敷地によって変わることなく自らの個人様式を用いる。ウェッブがヴァナキュラーな「実在」を作ろうとするのに対し、ショウはヴァナキュラーな「イメージ」を伝えようとするだけである。ウェッブが部分のディテールに固執するのに対して、ショウは全体の構成を志向する。こうしたショウのヴァナキュラー折衷様式とでも言うべきものが、オールド・イングリッシュ様式なのである。

オールド・イングリッシュ様式―スタジオ・ハウスでの試行

前章で見たように、ウェッブは画家のスタジオ・ハウスを設計することで独立を果たしたのだが、ショウの独立とオールド・イングリッシュ様式の確立を支えたのも、画家のスタジオ・ハウスであった。但し、ウェッブの施主が、画業とは別の資産をもちつつ、反アカデミーに身を投じた若い画家であったのに対し、ショウの施主――ジョン・コールコット・ホーズリー[*2]、エドワード・ウィリアム・クック[*3]、フレデリック・グッドール[*4]ら――は、絵筆一本でロイヤル・アカデミーでの地歩を築いた一世代前の画家であった。しかもウェッブは、郊外のスタジオ・ハウスでクィーン・アン様式を先取りしたのに対し、ショウは田園のスタジオ・ハウスでオールド・イングリッシュ様式を試行したのである。

一九世紀半ば、鉄道網が整備されるにつれ、画家達がイングランド南部のウィールド地方を旅行するようになり、ケント州ペンズハーストに程近いレッドリーフでは、パトロン、ウィリアム・ウェルズの周りに画家達が集まった。またペンズハーストでは建築家アンソニー・サルヴィン[*5]やジョージ・ディヴィーが活動するようになり、特に後者は、元々森林地方であったためハーフ・ティンバー造を基に発達してきたウィールド地方の建築伝統を参照して、コテジを新築した[*6]（図21）。独立後のショウは、一時期ウィリアム・イーデン・ネスフィールド[*7]とパートナーシップを組んだが、そのネスフィールドがサルヴィンの甥ということもあって、二人してウィールド地方の農家やコテジのスケッチ旅行をし、

*2 John Callcott Horsley, 1817–1903

*3 Edward William Cooke, 1811–80

*4 Frederick Goodall, 1822–1904

*5 Anthony Salvin, 1799–1881

*6 A. Saint, *Richard Norman Shaw*, New Haven, 1977, pp.25-26.

*7 William Eden Nesfield, 1835–88

*8 オールド・イングリッシュ様式をショウ、ネスフィールドのどちらが先に始めたかについて、セイントは次のように記している。「彼らのオールド・イングリッシュのヴォキャブラリーは同一であり、どちらが先かという問題ではない。この友人二人が一緒になって一八六二年から六四年にかけてこの様式を考案したのである。」Andrew Saint, op.cit., p.45. ネスフィールドの折衷主義は、既に六〇年代に、後にクィーン・アン様式と呼ばれるものにまで発展していたことは、注目に値する。

図21　レスター・スクエア、ペンズハースト、ケント、一八五〇年、ジョージ・ディヴィー設計

画家達とも交わった。ショウはここでのスケッチを基にして、ハーフ・ティンバーやタイル貼りの壁、テューダー様式の開き窓、様々な大きさや形を持った煙突やゲーブルなどの要素を、自由かつアシンメトリカルに構成し直した様式を作り上げていくのだが、このイギリス中世末期テューダー様式の自由な変形ともいうべき様式には、バターフィールドやストリートの牧師館は言うまでもなく、ディヴィーのコテジ、とりわけパートナーであったネスフィールドの自由奔放な折衷主義*8の影響があったと言われている。

ウィルズリー*9（一八六四―六五年、増築一八六八―六九年）は、レッドリーフ・サークルの一員であった画家ホーズリーがケント州クランブルックに購入したジョージアン様式の住宅にショウが増築したもので、ショウは一端にベイウィンドウ、他端にイングルヌックを持つホールを増築した後、そこにスタジオを付け加えた。続いてショウは、同じくレッドリーフ・サークルの一員、海洋画家クックが選んできたサセックス州グルームブリッジの岩山の敷地に、あたかもそれに呼応するかのように、ゲーブル、ドーマー窓、煙突、ベイウィンドウなどを不規則に林立させたスタジオ・ハウス、グレン・アンドレッド*10（一八六六―六八年）を建てた。更に同じ岩山の敷地に、ショウの従兄弟で海運会社ショウ・サヴィル社取締役となったジョン・ウィリアム・テンプルのためにレイズウッド*11（一八六六―六九年、図22）を建てた。ゲート・タワーを持つ中庭型平面は、おそらく中世城郭から想を得たものであろうが、岩山にそびえ立つ中世城郭というロマンティックなイメージは、ハーフ・ティンバーとタイル貼りと

*9 Willesley, nr. Cranbrook, Kent, 1864–65, additions, 1868–69.
*10 Glen Andred, Groombridge, Sussex, 1866–68.
*11 Leyswood, Groombridge, Sussex, 1866–69.

図22　レイズウッド、グルームブリッジ、サセックス、一八六六―六九年、リチャード・ノーマン・ショウ設計

図23　グリムズ・ダイク、ハーロウ・ウィールド、ロンドン、一八七〇―七二年、リチャード・ノーマン・ショウ設計

の混合、窓・煙突・ゲーブルの自由で不規則な構成によって一層増幅されているのである。レッドリーフ・サークルの一員で、新聞特派員としてクリミア戦争に従軍した画家グッダールが、ロンドン北西ハーロウに構えたスタジオ・ハウス、グリムズ・ダイク[*12]（一八七〇−七二年、図23）では、真北から採光するためにスタジオを主屋から傾け、かつ天井を高くするためにスタジオを主屋から半階上のレベルに配置して、一階ホールから半階上ってスタジオへ、そこから半階上って二階寝室へと至る幾重にも折れ曲がった階段を設けている。その結果として、屋根の高さや向きが変化し、実際よりも大きく見えるような外観が作り出されているのである。

オールド・イングリッシュ様式—カントリー・ハウスでの洗練

アームストロング砲を発明し、世界屈指の軍需産業を興したウィリアム・アームストロングをショウに紹介したのも、ホーズリーであった。ウィリアム・アームストロングがニューカースル北方の岩山に構えたカントリー・ハウス、クラグサイド[*13]（一八六九年、増築一八七〇−七二年、一八七二−七五年、一八八三−八五年、図24）は、グレン・アンドレッドやレイズウッドより以上に複雑でピクチュアレスクな構成を持つが、それは既存の小さなハンティング・ロッジにショウが増築を加えていったからである。様式の折衷によって、古い建物が時代を経るうちに増改築され、様々に異なる様式を持つに至ったという「歴史」が物語られる一方、様々

*12 Grims Dyke, Harrow Weald, London, 1870–72.

*13 Cragside, Rothbury, Northumberland, 1869, additions, 1870–72, 1872–75, 1883–85.

図24　クラグサイド、ロスバリー、ノーサンバーランド、一八六九年、増築一八七〇–七二年、一八七二–七五年、一八八三–八五年、リチャード・ノーマン・ショウ設計

図25　アドコート、リトル・ネス近郊、シュロップシャー、一八七五–八一年、リチャード・ノーマン・ショウ設計

*14 H. Muthesius, op.cit., p.119; English translation, p.24.

*15 An article in *The World*, 1879, quoted in *Newcastle Journal*, Dec. 28, 1900.

*16 Adcote, nr. Little Ness, Shropshire, 1875–81.

な要素が折り重なっては林立するシルエットは、岩山という荒々しい自然と共鳴しあっている。一八世紀末イギリスにおいて、様々な人によって論じられたピクチュアレスク理論は、一幅の風景画に描かれているように建物と敷地とを同一原理で構成しようという考え方であったが、ここではそれがドラマティックに実現されているのである。ムテジウスが、「それは地面の裂け目の連続であるかのごとく土地から生え出たように見える」[*14]と評する所以である。他方、クラグサイドは、アームストロング社製の水力発電機からジョゼフ・スワンが発明した白熱電灯に配電され、全館電気照明された世界初の住宅としても知られている。その他、水力によるエレヴェーターやセントラル・ヒーティング、電動のミシンやゴングが装備されており、そうした新しいテクノロジーを、オールド・イングリッシュ様式という古いデザインが包み隠しているのである。当時の新聞が「近代魔術師の宮殿」[*15]と記したのもむべなるかなである。

しかし、ショウのオールド・イングリッシュ様式は、七〇年代後半からこのような放縦で軽快なものからより抑制された重厚なものへと変化し、それと並行して、プランニングも洗練されていった。例として製鉄業者ダービー家の係累、レベッカ・ダービーの住宅、アドコート[*16]（一八七五–八一年、図25–27）を取り上げよう。そこで最も特徴的なものはホールである。中世住宅では、主人一家は従者ともどもホールで寝食を共にしたが、そのホールが盛期ヴィクトリア朝に復興され、居間や玄関など多機能を担う部屋として利用されるようになっ

k
sc
dy
s
s
hk
D
L
dr
si
h
a
Dr
l
l
s
sh
bu
bp
H
sr
Bs
Bil
0
50FT

た。小説家ヘンリー・ジェイムズの記述を借りよう。「それは明るく、大きく、天井が高く、豊かに装飾が施され、自由に使え、『コーナー』や出入口が沢山ある。それは皆が集う場であると同時に移動の場としての役割も果しているのだ。」[*17]アドコートのホール（図26）は、エントランスとはスクリーンで仕切られており、そのスクリーンの背後にとられた階段を上りきった所に二階のギャラリーがあって、そこから眼下にホールを見渡すことができるようになっている。ここで見られる流動的な空間構成が、アメリカのシングル様式の住宅、特にそのリビング・ホールを中心とした平面に大きな影響を与え、それが後にいわゆるオープン・プランに発展していったという経緯は留意しておくべきだろう[*18]。

前述したように、ウェッブの住宅平面が中央にホールを配したきわめてフォーマルなものであったのとは対照的に、ショウの住宅平面はフレキシブルで付加的である。ショウ自身、「半ば冗談めかして、彼のプランニングの方法は、まず最初に一つの部屋を書き、それからその周りに残りを書き足していくことだと述べた」[*19]という記述も残されている程である。実際、アドコートの平面（図27）を見ると、エントランスからホールのスクリーンまで通された廊下が、ホールを越えた所で折り曲げられて全体としてL字をなしており、それに沿ってそれぞれ形とヴォリュームの異なる部屋が付加されていることが読み取れる。ここにはバターフィールドの牧師館の平面の影響が見られるとはいえ、プランニングに関して言えば、ショウがウェッブよりもピュージンやラスキンの教義に忠実であったことは

図26　アドコート、ホール
図27　アドコート、一階平面

*17 H. James, *The Other House*, London, 1893, Chapter II.

*18 W. Knight Sturges, 'The Long Shadow of Norman Shaw', *Journal of the Society of Architectural Historians*, Sep. 4, 1950, pp.15–20. V. Scully Jr., *The Shingle Style and the Stick Style*, New Haven, 1955.

*19 *Builder*, Nov. 22, 1912.

確かである。ムテジウスが「ショウの芸術の核を形成しているのは、その平面である」[*20]と評価しているのもそれ故であろう。

クィーン・アン様式——もう一つの折衷様式

オールド・イングリッシュ様式は、中世以来の農家やコテジからモチーフを採集したヴァナキュラー折衷様式であった。しかし、イギリスのヴァナキュラー住宅の伝統はこれに尽きるものではない。一七–一八世紀に建てられた赤レンガ造の町家もあるではないか。そこから題材を得たヴァナキュラー折衷様式が、クィーン・アン様式である。ここではクィーン・アン様式の成立プロセスについての詳論を避け[*21]、クィーン・アン様式の定義——「ゴシック・リヴァイヴァルにおける自由でアシンメトリカルなマスのグルーピングやプランニングと、一七–一八世紀のイギリス、オランダの赤レンガ建築の全範疇から取られたディテールとの結合であって、そこに一六世紀のフランス–フランドル建築のタッチが加わったもの」[*22]を引くにとどめておきたい。注意すべきは、それが、一八世紀初頭に確立された古典様式に則った赤レンガ造住宅——イングリッシュ・ルネサンス、バロック様式を主導した建築家クリストファー・レン[*23]の名を冠してレン様式[*24]と呼ばれる——を直接参照するのではなくて、むしろそのレン様式が職人の手に渡りヴァナキュラー化された、即ち職人ならではの古典様式からの逸脱や増改築によるハプニングが加えられた事例を手

*20 H. Muthesius, op.cit., p.122; English translation, p.25.

*21 クィーン・アン様式の詳細については、Mark Girouard, *The Victorian Country House*, Oxford, 1971; *Sweetness and Light: The Queen Anne Movement 1860-1900*, Oxford, 1977. を参照のこと。

*22 M. Girouard, *The Victorian Country House*, p.47.

*23 Christopher Wren, 1632-1723

*24 実際にはレン設計による住宅は一、二事例しかなく、いわゆるレン様式は、ロジャー・プラット(Roger Pratt, 1620-85)やヒュー・メイ(Hugh May, 1621-84)の住宅によって確立されたと考えられている。J. Summerson, *Architecture in Britain 1530-1830*, Harmondsworth, 1953, revised edition, 1979, p.153 and p.192

本にしている点である。従って、クィーン・アン様式では古典要素が使われるものの、それら要素のディテールやプロポーションは自由に変形されるし、それらの構成もシンメトリー原理に縛られてはいない。その意味で、それはフリー・スタイルと言えるし、オールド・イングリッシュ様式と使う建築要素が変わっただけの、ピクチュアレスクなヴァナキュラー折衷様式であるとも言えるのである。「レンガは高級な建築と呼ばれるものには不適である。石と大理石でできたクィーン・アンの住宅！　そんなものは馬鹿気ている」[*25]と当時の識者が言うように、一般にクィーン・アン様式とは安価な様式であった。ショウはこれら二つの様式の内、オールド・イングリッシュ様式を田園の大邸宅に、クィーン・アン様式を都市と郊外の中小住宅にと使い分けたのであった。

*25 B. Talbert, *Examples of Ancient and Modern Furniture*, 1876.

クィーン・アン様式—スタジオ・ハウスから郊外住宅へ

この使い分けを、ショウのスタジオ・ハウスに見ることができる。ロイヤル・アカデミーに確たる地歩を築いた画家の田園のスタジオ・ハウスでは、オールド・イングリッシュ様式が用いられ、アカデミーでの評判を勝ち取ろうとしている若い画家のロンドン郊外のスタジオ・ハウスでは、クィーン・アン様式が用いられたのである。実際、アカデミーに依る保守的画家が、リベラルで進歩的であることを自称しながら中庸に安住する中流階級全般の文化的指導者であったし、それゆえ、ショウがケンジントンやハムステッドに建てた

図28　メルバリー・ロード八番地、ケンジントン、ロンドン、一八七五–七六年、リチャード・ノーマン・ショウ設計
図29　フロンガル三九番地、ハムステッド、ロンドン、一八八四–八五年、リチャード・ノーマン・ショウ設計

クィーン・アン様式のスタジオ・ハウスが、中流階級の郊外住宅を先導し得た。かくしてショウが「中流階級の建築家」*26の旗手となったのである。

ウェッブによるホランド・パーク・ロード一四番地と軒を並べるメルバリー・ロード八番地*27（一八七五–七六年、図28）と同三一番地*28（一八七五–七七年）は、それぞれ挿絵画家マーカス・ストーン*29と「臨時宿泊所の入所希望者たち」（一八七四年）で脚光を浴びたルーク・ファイルズ*30のスタジオ・ハウスである。両者とも、ウェッブの先例に倣い最上階にスタジオが配され、特に前者正面では三連の細長いオリエル・ウィンドウからスタジオに光が導かれ

*26　A. Saint, op.cit., p.103.
*27　8 Melbury Road, London, 1875-76.
*28　31 Melbury Road, London, 1875-77.
*29　Marcus Stone, 1840-1921
*30　Luke Fildes, 1843-1927

ている。

ハムステッドに目を向けると、ショウ自邸―エラーデール・ロード六番地[*31]（一八七四―七六年、増築一八八五―八六年、一八九三年、図30―31）の他、「窓の下で」（一八七八年）などで知られる絵本作家ケイト・グリーナウェイ[*32]邸―フロンガル三九番地[*33]（一八八四―八五年、図29）、「バビロンの花嫁市場」（一八七五年）などを描いた当代きってのオリエンタリスト、エドウィン・ロング[*34]邸―ネザーホール・ガーデンズ四二番地[*35]（一八八七―八八年）などが点在している。

ショウ自邸では主要居室が二階に置かれ、ダイニング・ルーム（図31）ではイングルヌック横から小階段を上ったところに仕事部屋がとられている。ショウ自らが図面を引いたこの部屋は、わずか七フィート×一〇フィートしかなく、吹抜け空間に挿入された「ジャイアント・ファニチュア」であると見てよかろう。またバック・ドローイング・ルームには数段の段差がつけられており、床レベルの変化による流動的な空間分節が見られる。グリーナウェイやロングのスタジオ・ハウスでも、最上階にスタジオが配され、特に後者では、エントランスから真直ぐに伸びる廊下を進み、その突き当りにある大階段を上って、ドローイング・ルーム、書斎とオープンにつながった広々としたスタジオに達するという「道行」が、ショウ自邸のバック・ドローイング・ルーム以上にドラマティックに演出されている。

ショウ自邸では、基本的にはシンメトリカルな立面構成が、左右のベイウィンドウの形態、素材、色彩を変えることにより崩され、グリーナウェイ邸では、赤レンガ造タイル貼りの

*31 6 Ellerdale Road, London, 1874–76, additions, 1885–86, 1893.
*32 Kate Greenaway, 1846–1901
*33 39 Frongal, Hampstead, London, 1884–85.
*34 Edwin L. Long, 1829–91
*35 Long House, 42 Netherhall Gardens, Hampstead, London, 1887–88.

図30　エラーデール・ロード六番地、ロンドン、一八七四–七六年、増築一八八五–八六年、一八九三年、リチャード・ノーマン・ショウ設計
図31　エラーデール・ロード六番地、ホール

外壁が対角線方向に挿入されたスタジオ部分で破られている。このように故意に崩されたインフォーマルで軽快な外観が、ロング邸ではフォーマルで重厚な外観に変わってきていることに、留意されたい。

ショウはまた、ロンドン西郊の郊外住宅地、ベッドフォード・パーク[*36]（一八七五年–、図32）に携わったが、彼はその全体計画に全く関わらず[*37]、幾つかの住宅モデル案の他、店舗兼旅館、クラブ・ハウス、教会を設計しただけである。このうちセミデタッチド・ハウス（二戸連続住宅）第三案[*38]（一八七八年、図33）を見ると、片側にエントランスと階段、その横にドロー

*36 Bedford Park, London, 1875-.

*37 全体計画は、開発業者ジョナサン・カーが行なったもので、ショウ自身、「私はこの『タウン・プランニング』なるものがどういうものなのか、全くわからない」と述べている。A. Saint, op.cit., p.202.

図32　ベッドフォード・パーク、バース・ロード沿いの街並。手前にセミ・デタッチド・ハウス第三案(一八七八年)、奥にタバード・イン(一八七九―八〇年)を見る。

図33　セミ・デタッチド・ハウス第三案、平面・立面、ベッドフォード・パーク、ロンドン、一八七八年、リチャード・ノーマン・ショウ設計

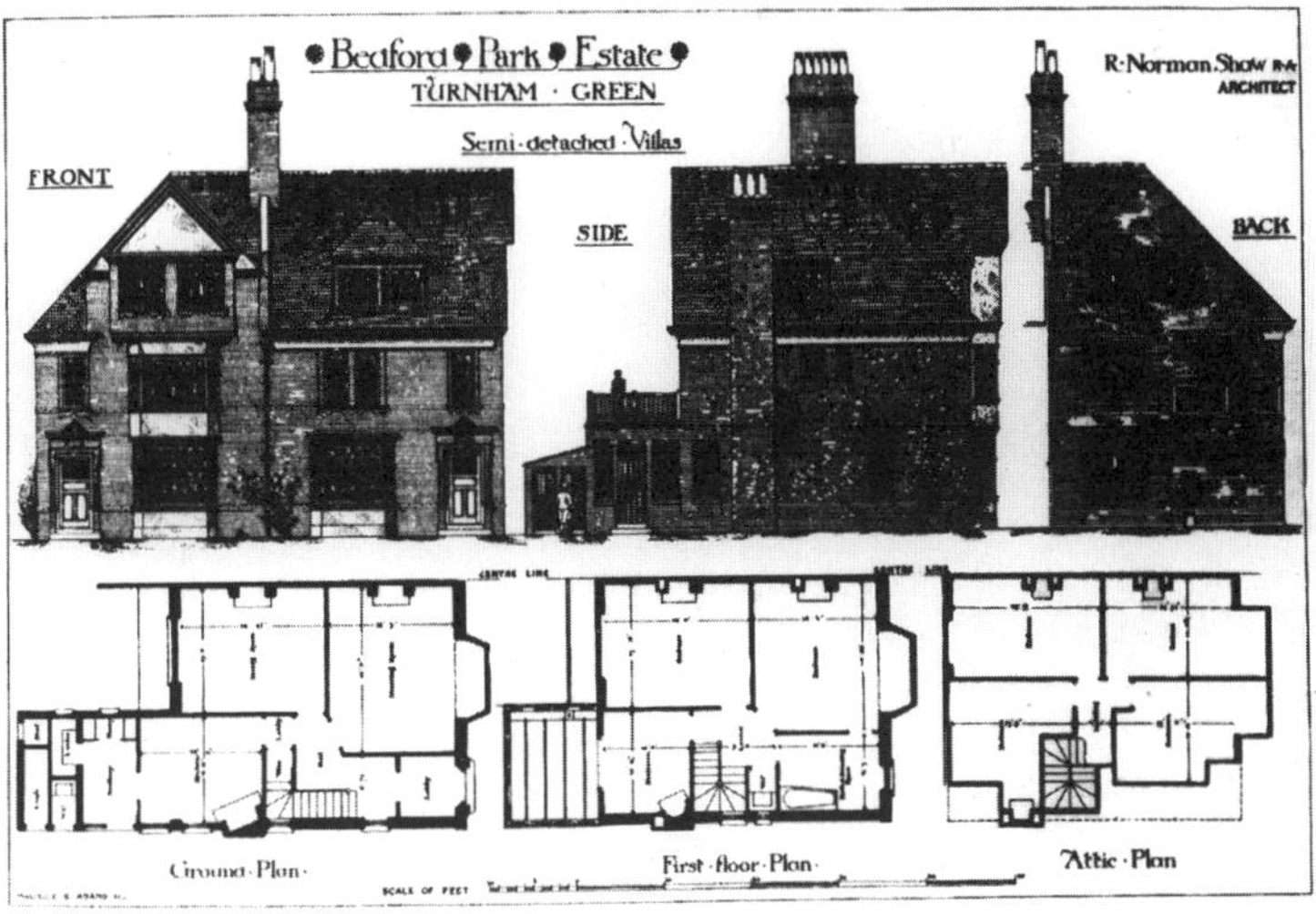

イング・ルームとダイニング・ルームを縦列配置するというジョージ朝タウン・ハウスの平面が踏襲されていることがわかる。その平面を鏡像対称に並べると、当然、立面はシンメトリカルになるはずであるが、ここでもまた、ショウ自邸と同様、左右のベイウィンドウの形態、素材、色彩が変えられている。これこそ、ピュージンの「平面から立面をおこす」という教義に反したピクチュアレスクな設計法と言うべきであるが、そうして変化の付けられたピクチュアレスクな街並が、リベラルで進歩的であろうとする中流階級の夢を掻き立てたのである。「この郊外は、居心地がいいばかりでなくて、そこを一種のごまかしと考えずに、一つの夢と見るならば、まったく申し分がなかった。そこに住んでいる人たちが芸術的ではなくても、その辺全体が芸術的だった。」*39

古典化への道

クィーン・アン様式による戸建住宅を見ると、七〇年代の住宅、ロウザー・ロッジ*40（一八七二–七五年、図34）では、オールド・イングリッシュ様式における農家の要素がそのまま町家の要素に置換されているだけで、寄棟屋根からダッチ・ゲーブルやテューダー様式の煙突が競い合うかのように林立し、レンガ壁には長く引き伸ばされた白塗り木製上げ下げ窓が勝手気儘に開けられている。八〇年代の住宅、クィーンズ・ゲート一八〇番地*41（一八八三–八五年）、同一八五番地*42（一八八九–九一年）では、ロング邸と同様、窓枠と方立が石造に代えられ

*38 Third semi-detached house type, Bedford Park, 1878.

*39 G. K. Chesterton, *The Man Who was Thursday*, Harmondworth, 1981, p.9. G・K・チェスタトン、吉田健一訳『木曜の男』創元推理文庫、八–九頁

*40 Lowther Lodge, Kensington Gore, London, 1872-75.

*41 180 Queen's Gate, London, 1883-85.

*42 185 Queen's Gate, London, 1889-91.

図34　ロウザー・ロッジ、ケンジントン、ロンドン、一八七二—七五年、リチャード・ノーマン・ショウ設計

図35　クィーンズ・ゲート一七〇番地、ロンドン、一八八八—九〇年、リチャード・ノーマン・ショウ設計

るばかりか、ダッチ・ゲーブルがシンメトリカルに配されている。ここに見られる立面のシンメトリー化は、クィーンズ・ゲート一七〇番地[*43]（一八八八―九〇年、図35）ではより推し進められて、平坦な外壁ではベイウィンドウの代わりに上げ下げ窓が規則正しく配され、切妻屋根の代わりにマッシヴなコーニス上に寄棟屋根が架けられている。この外観は、前述した赤レンガ造の古典様式―レン様式をモデルにしており、このインテリアにも古典様式のディテールが取り入れられている。クィーン・アン様式からより古典様式に則ったネオ・ジョージアン様式へ。この住宅はショウ個人のみならずイギリス住宅建築全体の転回点を示すものとして重要である。そしてこれ以降、ショウは田園の大邸宅でも古典様式を用いるようになり、レン様式によるブライアンストン[*44]（一八八九―九四年）、バロック様式によるチェスターズ[*45]（一八九〇―九四年、図36）を建てていくことになる。

同様のことは、彼のオフィスビルについても言えよう。ショウ・サヴィル社屋、ニュージーランド・チェンバーズ[*46]（一八七一―七三年、図38）は、ショウ・サヴィル社の他、八〇余りの小さな貸事務所を含むもので、間口に平行に配された四つの棟が中央の階段・廊下で串刺しにされ、棟と棟との間にとられた光庭から各棟と地階天窓に採光されている。このようにレンタブル比を高めた巧妙な平面を覆い隠すかのように、正面では、赤レンガ造の角柱が立ち上がって白いプラスター塗りのコーニスを支え、その間には同じく白いプラスター塗りのオリエル・ウィンドウが張り出されている。このオリエル・ウィンドウは、イプスウィッ

*43 170 Queen's Gate, London, 1888–90.

*44 Bryanston, nr. Blandford, Dorset, 1889–94.

*45 Chesters, nr. Humshaugh, Northamberland, 1890–94.

*46 New Zealand Chambers, 34–35 Leadenhall Street, London, 1871–73.

図36　チェスターズ、ハムシャフ近郊、ノーサンバーランド、一八九〇―九四年
図37　ピカデリー・ホテル、ロンドン、一九〇五―〇八年、リチャード・ノーマン・ショウ設計

図38　ニュージーランド・チェンバーズ、ロンドン、一八七一―七三年、リチャード・ノーマン・ショウ設計

図39　ニュー・スコットランド・ヤード、ロンドン、一八八六―九〇年、リチャード・ノーマン・ショウ設計

チのスパロウズ・ハウス[*47]に見られる町家の伝統的要素を引用してきたもので、以後、前述したショウ自邸などで繰り返し用いられることになる[*48]。

ところがニュー・スコットランド・ヤード[*49]（一八八六―九〇年、図39）の外観ともなると、下階はポートランド石造、上階は赤レンガ造で、上下階の対比を和らげるかのようにレンガ壁には石の水平帯とコーニスが巡らされる一方、この水平分節に対して、スコットランドの城郭を思わせる隅櫓、アエディキュラとフィニアルを持つダッチ・ゲーブル、マッシヴな煙突が、天に向かって突き出されている。玄関にはルスチカ付きのコラムの上にブロック

*47 Sparrowe's House, Ipswich.
*48 A. Saint, op.cit., p.136.
*49 New Scotland Yard, Victoria Embankment, London, 1886–90.

ン・ペディメントが載せられているが、こうしたバロック様式の要素の導入は、ジョン・ベルチャー[*50]の影響によるものだと言われている。ショウ最晩年のリージェント・ストリート、クアドラント改修[*51]（一九〇四–一一年）とピカデリー・ホテル[*52]（一九〇五–〇八年、図37）に至っては下階にはルスチカのアーケード、上階にはチェスターズで試みられた円柱のスクリーンが続けられ、全体が石造のバロック様式で統一されているのである。

折衷主義とは、絶対的規範が失われあらゆる価値が相対化された地平で行なわれる極めて知的な操作であり、それは一つの様式から次の様式へと相対化された価値を渡り歩いていかざるを得ない。一九〇〇年、ショウは直弟子であったレサビーにこう書き送っている。「現在我々はうまくやれていないのは確かだと思う。我々は脚の下から『ゴシック・リヴァイヴァル』を蹴り出して、今『イングリッシュ・ルネサンス』をやっている。それもまた、蹴り飛ばしてしまうことだろう。」[*53]それに対して、レサビーはどう答えたのか。レサビーを始めとする第二世代の展開を見ることにしよう。

*50 John Belcher, 1841–1913

*51 Rebuilding of Regent Street Quadrant, London, 1904–11.

*52 Piccadilly Hotel, London, 1905–08.

*53 W. R. Lethaby, op.cit., p.77.

三　様々なギルド

アート・ワーカーズ・ギルドとアーツ・アンド・クラフツ展示協会

ショウとウェッブを結びつける糸は、ショウの弟子達によって紡がれていく。彼らはショウの事務所で実務に勤しむ傍ら、ショウが大建築家として成功していくのに飽き足らず、次第にモリス－ウェッブのイデオロギーの感化を受け、モリス－ウェッブの率いる古建築保護協会[*1]に参加するようになる。そして彼らが中心となり、アーツ・アンド・クラフツ運動の母体とも言うべきアート・ワーカーズ・ギルド[*2]とアーツ・アンド・クラフツ展示協会[*3]が結成されるのである。

ラスキンは、建築とはそれを生んだ社会生活の表現であるという考えから、「修復(restoration)」は、建造物の蒙りうるもっとも全体的な破壊、ひとかけらの断片さえも残らない破壊、破壊されたものの虚偽の記録を伴う破壊である」[*4]とし、それに代わって古建築の「保護(protection)」を訴えていた。一八七四年、ラスキンが王立英国建築家協会ゴールド・メダルを辞退したのも、こうした建築家による「修復」という破壊に対する抗議であったと言われている。モリスは、一八七六年、ケルムスコットの北方バーフォードに建つセント・ジョン・ザ・バプティスト教会が、師であるストリートにより「修復」されていることを目撃、更に翌年、テュークスベリー・アビーがジョージ・ギルバート・スコットにより「修復」されていることに抗議した後、古建築保護協会を結成した。同協会には、モリス取り巻きの画家・建築家の他、ラスキン、トマス・カーライル[*5]、レスリー・スティー

*1 Society for the Protection of Ancient Buildings(略称SPAB, 別称Antiscrape)

*2 Art Workers' Guild

*3 Arts and Crafts Exhibition Society

*4 John Ruskin, *The Seven Lamps of Architecture*, 1849, seventh printing, New York, 1979, p.184.

*5 Thomas Carlyle, 1795-1881

*6 Leslie Stephen, 1832-1904

*7 一八八九年初頭、レサビーはギムソンと親交を結び、一八九一年九月にはそのギムソンの紹介により、古建築保護協会の正式メンバーとなった。

ヴン[*6]などの思想家も入会、後にはモリス-ウェッブの建築論に共鳴し、その教えを乞おうとする若手建築家も加わったのである[*7]。

一八八三年、ショウの五人の弟子——ウィリアム・リチャード・レサビー[*8]、エドワード・シュレーダー・プライアー[*9]、アーネスト・ニュートン[*10]、マーヴィン・マッカートニー[*11]、ジェラルド・コールコット・ホーズリー[*12]——が集まり、建築と芸術を討論する月例会としてセント・ジョージズ芸術協会[*13]を結成した。同協会は建築雑誌における建築イラストレーションが余りにも貧弱であるとして、別に建築イラストレーション協会[*14]を結成、雑誌『アーキテクト』[*15]を出版した。更に一八八四年には、モリスの思想に基づき、芸術と工芸の再統合を目指すべく広く「諸芸術の職人とデザイナー」から成るアート・ワーカーズ・ギルドを結成、そこに、同様の目的で結成されていたザ・フィフティーン[*16]のメンバーである建築家ジョン・ダンドウ・セディング[*17]、画家ウォルター・クレイン[*18]らが加わった。既存の王立アカデミーや王立英国建築家協会がジャンル別の職能組織になっていることへの反発から[*19]、アート・ワーカーズ・ギルドはジャンルを越え出た交流を行なう運動組織として構想され、定期的に講演、工芸制作の実演、討論、作品展示を行なうことを旨としていた。そしてこのギルドの急進派から「融合芸術(combined arts)」、即ち芸術と工芸とを融合した現代作品の展示を主催しようとの声が上り、一八八八年には別途アーツ・アンド・クラフツ展示協会が結成されたのである[*20]。これらアート・ワー

*8 William Richard Lethaby, 1857-1931
*9 Edward Schroeder Prior, 1852-1932
*10 Ernest Newton, 1856-1922
*11 Mervyn Macartney, 1853-1932
*12 Gerald Callcott Horsley, 1862-1917
*13 St George's Art Society 一八八三年五月、ショウの五人の弟子は、ブルームズバリー、ハート・ストリート一四番地にあるアーネスト・ニュートン事務所に集まった際、その会合の名称を、道路の向こう側に見えるブルームズバリー、セント・ジョージズ教会にちなんで命名した。R. S. Weir, 'William Richard Lethaby', paper published by Central School of Arts and Crafts, 1938, p.6.同会の名称がラスキンが主宰したセント・ジョージズ・ギルド・ファーム(St. George's Guild Farm, 1877-80)の影響があったかどうかは定かではない。
*14 The Architectural Illustration Society
*15 *The Architect*
*16 The Fifteen
*17 John Dando Sedding, 1838-91
*18 Walter Crane, 1845-1915
*19 H.J.L. Masse, *The Art-Workers' Guild 1884-1934*, Stratford-upon-Avon, 1935, p.7.
*20 このとき初めて、装丁家J・T・コブデン=サンダーソンによって「アーツ・アンド・クラフツ」という呼称が造語された。

カーズ・ギルドとアーツ・アンド・クラフツ展示協会はいわば一卵性双生児であって、一方がメンバーだけの討論・集会の組織、他方がそのメンバーの対外発表の組織として区別されていたものの、実際には、両者のメンバーの大多数が重なっていた。そして、この二つの組織が中心となってアーツ・アンド・クラフツ運動が展開されていくのだが、運動の理論的支柱を打ち立てたのが、創設メンバーの一人、レサビーであった。

レサビーの建築論

レサビーの建築論は、モリスとムテジウスの思想を結ぶ架け橋である。レサビーはまずラスキン、モリスの言う「全ての時代の芸術はその社会生活の表現である」というテーゼを継承し、それを次のように言い換える。「建築は個人の意志や気まぐれを超えたところにある共通の伝統を持ち、人間性の啓示という本性によって形作られた民衆の芸術である。」[*21] そこからレサビーは特定の建築を生み出した「社会的・心理的影響」[*22]を明らかにすべく、建築のシンボリズムの研究に取り組み、最初の著書『建築・神秘主義・神話』(一八九一年)[*23]を著わす。レサビーにとって、「あらゆる建築の背後に存する究極の事実とは、まず人間が等しく持っている要求や欲求であり、次に構造面においては、材料から課せられる必要性、それらの建設や組み合わせの物理的法則であり、最後に様式面においては、自然である。私が書こうとしているのはこの最後の点、即ち自然界についての既知や想像上の

*21 W. R. Lethaby, op.cit, p.144.
*22 R. Macleod, *Style and Society*, London, 1971, pp.66–67.
*23 W. R. Lethaby, *Architecture, Mysticism and Myth*, 1891, reprint, London, 1974.

事柄が建築に及ぼす影響なのである。」[*24] つまり、「全ての時代の芸術はその社会生活の表現である」というテーゼを現代で実現すべく、夢想家モリスは社会改革へと向うのに対し、実務家レサビーは、現代建築における普遍的なシンボルを追い求めるのである。「私たちが、本物で普遍的な関心を引き起こす建築を持とうとするならば、私たちは、それを見る大多数の者が直接理解可能なシンボリズムを持たねばならない。」[*25]

しかしながら、レサビーが二〇年後に著した『建築』[*26]（一九一一年）では、普遍的なシンボリズムは科学に取って代わられる。「一人の人間の深みしか持たない芸術は価値がない。それは千人の人間の深みを持たなければならない。我々は歴史の知識を忘れることはできないし、忘れられないだろう。重要なのは、我々がそれを組織化できるのか、はたまた我々がそれに裏切られていくべきかという問いである。ここで可能と思われる唯一の合意は、科学的な基礎、即ち構造の完璧な効率を求める努力に基づく合意である。我々がそれに合意できるのであれば、それは自立しているがゆえに、美についてもう悩まされることはない。」[*27] これは、ウェッブの「私は欲しい所に窓を開けただけで結果なんか知らないというアプローチ」と同根であろうが、このようなモラリティによる建築の価値判断は、レサビーの次の言葉からもうかがい知ることができる。「美には、霜の降りた朝のブラウン・ブレッドの朝食という理想と夜遅いシャンペンの晩餐という理想がある。もし『しなければならない』という必要性がなければ、どちらが正しいのか誰が言えよう。我々は健康

*24 Ibid., p.3.

*25 Ibid., p.7.

*26 W. R. Lethaby, *Architecture*, London, 1911.

*27 Ibid., p.249.

的な理想を愛すべきである。さもなければ生きるのをやめるしかない。」[*28] これがショウの折衷主義への懐疑に対するレサビーの最終解答であった。

レサビーの建築作品

レサビーは一八八九年にショウ事務所を退所した後も、週三日間ショウ事務所で働いていたが、一八九一年に事務所を、ウェッブ、アーネスト・ギムソン[*29]、シドニー・バーンズリー[*30]が集うグレイズ・イン・スクエアに移転、完全な独立を果たした。独立後最初の作品が、ショウから設計を譲り受けたマナーズ卿のカントリー・ハウス、エイヴォン・タイレル[*31]（一八九〇–九一年、図40–41）である。平面は、中央にホールが配されている点ではウェッブのヴィラ型平面が、ホールに主要居室が付加されている点ではショウの付加的平面が踏襲されている。ショウによるアドコートの平面とこの平面とを比較してみよう。ここではエントランスに対してホールは縦置、即ちアドコートでホールのスクリーン・パセジのあった場所にホールそのものが置かれており、その結果、ホールは居室というよりむしろ動線の要所となっている。アドコートでは小さな「コーナー」を持った主要居室があたかもジグソーのように組み合わされていたが、ここではホールとそれに直交するサーヴィス用廊下に対して、主要居室とサーヴィス部が線状に並べられている。こうした「合理化」は外観にも投影されており、アドコートの外観ではそれぞれ別の棟を持つ主要居室がピクチュ

*28 W. R. Lethaby, 'What shall we call beautiful?' in *Form in Civilization*, Oxford, 1957, p.121.

*29 Ernest Gimson, 1864–1920

*30 Sydney Barnsley, 1865–1926

*31 Avon Tyrell, nr. Ringwood, Hampshire, 1890–91.

図40　エイヴォン・タイレル、リングウッド近郊、ハンプシャー、一八九〇─九一年、ウィリアム・レサビー設計

図41　エイヴォン・タイレル、一階平面

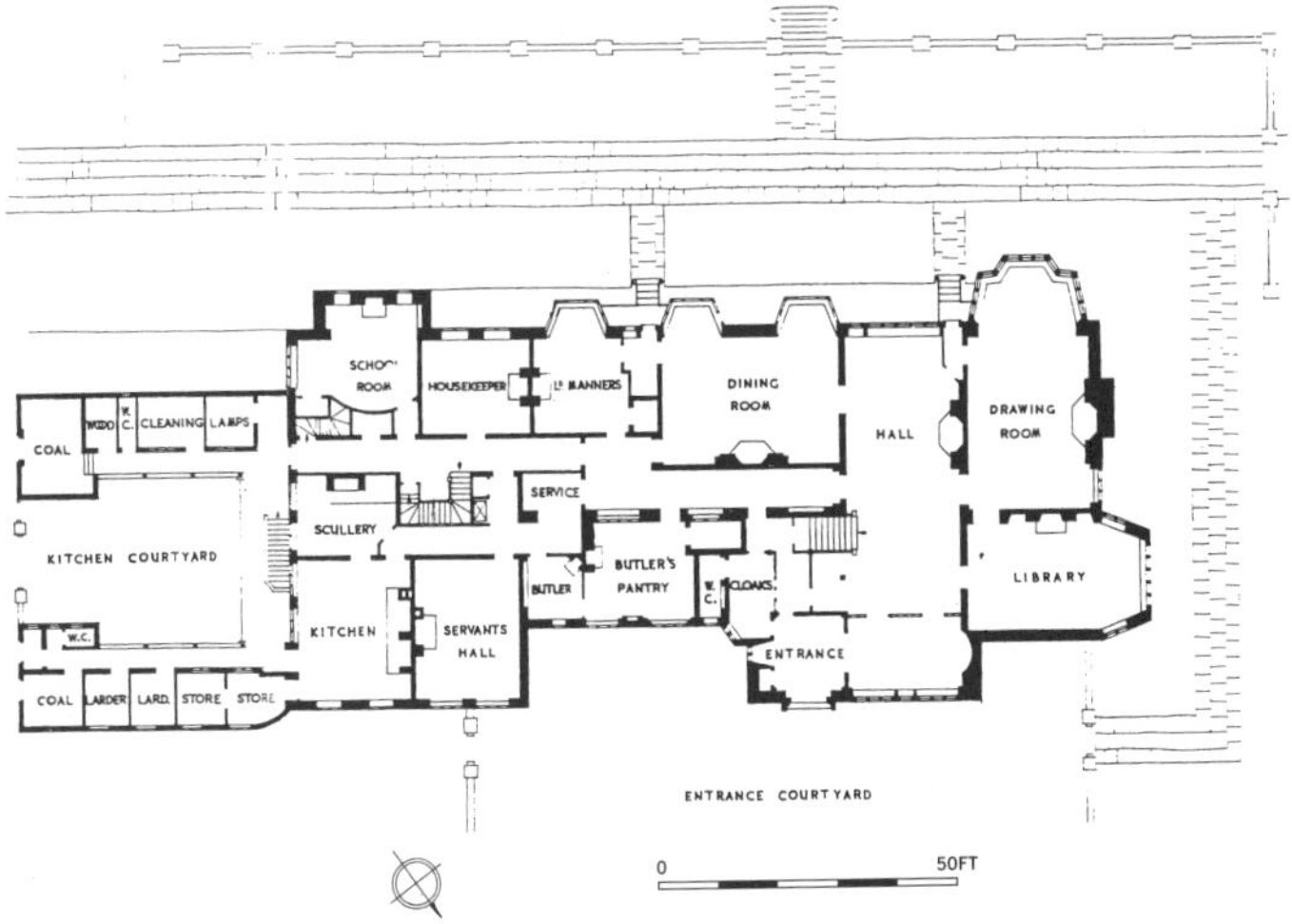

*32 The Hurst, Sutton Coldfield, Warwickshire, 1893-94.
*33 Venetian window

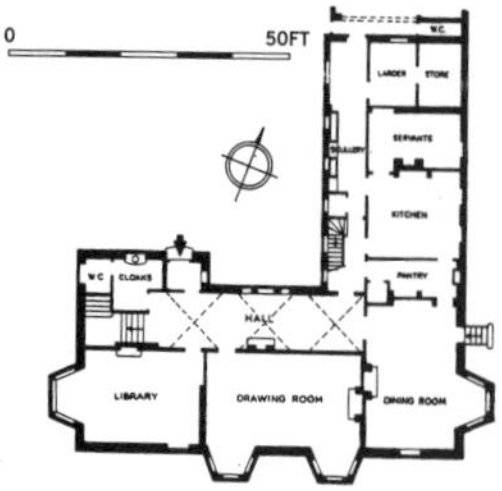

図42　ザ・ハースト、サットン・コールドフィールド、ウォリックシャー、一八九三―九四年、ウィリアム・レサビー設計

アレスクに組み合わされていたのに対し、ここでの外観は、南面する横長の棟に対してエントランス部とサーヴィス部が取り付けられているだけである。赤レンガ造の外壁を分節する要素の内、ベイウィンドウはショウから、ゲーブルを連ねた屋根はウェッブから引き継いだものであることがわかる。しかしベイウィンドウは部屋構成から、ゲーブルは屋根架構からそれぞれ別個に分節されているために、両者の分節のリズムは微妙にずれてしまっている。このずれは無論外観の効果を意識しない「正直さ」の表われであろうが、それと同時に、レサビーに内在するショウとウェッブの影響のずれであると言ってよかろう。

バーミンガムの弁護士、チャールズ・エドワード・マシューズのカントリー・ハウス、ザ・ハースト[*32]（一八九三―九四年、図42）では、「合理化」は更に推し進められている。平面では、北側にエントランス部とサーヴィス部がとられ、南側には廊下に接して主要居室が線状に並べられており、これら三つの部分が、外観でも別の棟として明確に分節されている。ここではまた、廊下の交差ヴォールト天井にぴったり合う窓として、パラディアニズムの特徴的要素であったヴェネチアン・ウィンドウ[*33]が採用されており、それが開き窓の不規則な配置に混ぜ込まれているのである。

「鉄筋コンクリートは我々に多くのことをしてくれるはずである。この路線に方向転換することについて、君はどう思う。」[*34]このショウの問いかけに対するレサビーの応答が、彼の二つの教会、ブロックハンプトンのオール・セインツ教会[*35]（一九〇一―〇二年、図43）とリヴァプール大聖堂競技設計案[*36]（一九〇二年、図44）である。オール・セインツ教会では、外壁と尖頭アーチのリブは赤味を帯びた砂岩造であるが、そのリブとリブの間が無筋コンクリートで充填されており、更に防水のためにコンクリート屋根が藁葺で仕上げられている。この藁葺コンクリート屋根こそ、地方の伝統に対する「正直さ」と構造に対する「正直さ」の不可思議な結合と言うべきであろう。

リヴァプール大聖堂競技設計案は全てがコンクリート造で、身廊の各ベイにそれを横断する尖頭ヴォールト屋根が架けられ、それが側廊の半球ドームを戴くアプスへと連続している。このような折板あるいは波板の構造は、ビザンチン教会から着想されたと言われているが——一八九三年、レサビーはコンスタンチノープルを訪れ、周辺のビザンチン教会を見学していた——、レサビーのスケッチを見ると、外壁には石もしくはテラコッタが貼られ、そこには彼独自のシンボリズムに基づく彫刻やレリーフが施されることになっていた。残された透視図や模型からはそうしたディテールは読み取れず、目につくのは、コンクリートの可塑性を誇示するかのようにうねりながら連続する構造ばかりであって、それが、以後の表現主義の造形を想起させるのである[*37]。

レサビーの建築作品は、様式の助けを借りない普遍的なシンボリズムと機能や構造・材料との合致を目指したもので、その理想を「船」に見据えていたという点では[*38]、『建築をめざして』[*39]（一九二四年）でオーシャン・ライナーを取り上げたル・コルビュジエを思い

*34 W. R. Lethaby, *Philip Webb and His Work*, p.77. 実際、ショウもベサニー女子修道院（Convent of Sisters of Bethany, Bournemouth, Hampshire, 1873-76, addition, 1878-80）で、コンクリートを用いている。

*35 All Saints' Church, Brockhampton, Herefordshire, 1901-02.

*36 Project for Liverpool Cathedral Competition, 1902. この応募案には、ホルゼイ・リカード（Halsey Ricardo, 1854-1928）、ロバート・ウェア・シュルツ（Robert Weir Schultz, 1861-1951, 一九一四年以降 Robert Schultz Weirに改名）、フランシス・W・トループ（Francis W. Troup, 1859-1941）、ヘンリー・ウィルソン（Henry Wilson, 1864-1934）などの建築家の他、彫刻家、ステンドグラス作家が参加した。

*37 ペヴスナーは、むしろオール・セインツ教会を一九二〇年代の表現主義の先駆けと見なしている。N. Pevsner, *The Buildings of England: Herefordshire*, Harmondsworth, 1963, p.91.

*38 W. L. Lethaby, *Architecture*, p.205.

*39 Le Corbusier, *Vers une Architecture*, 1924.

図43　オール・セインツ教会、ブロックハンプトン、ヘレフォードシャー、一九〇一―〇二年、ウィリアム・レサビー設計

図44　リヴァプール大聖堂競技設計案、一九〇二年、ウィリアム・レサビー他設計

起こさせる。しかしながら、レサビーは、一八九四年にＬＣＣ技術教育委員会[*40]芸術顧問、一八九六年には同委員会により新設されたセントラル・スクール・オブ・アーツ・アンド・クラフツ[*41]校長に任命され、更に一九〇〇年には王立美術学校[*42]の装飾・デザイン教授にも任命されたのを機に、設計を止め、教育に専念することになる。それには、オール・ソールズ教会での杜撰なコンクリート工事の後始末と同時期に始まった晩婚生活とが重なったことも関係していよう。一九一一年、レサビーはセントラル・スクール・オブ・アーツ・アンド・クラフツ校長を辞任、前掲書『建築』を上梓するが、その時点で、自らのオール・セインツ教会での失敗と同校での教育の反省から、彼の建築論は「科学的な基礎」と第一級のモデルからの「機械生産」を志向するものへと変化する。それに沿って、一九一五年に工業デザイン協会[*43]を、一九二二年に近代建築建設グループ[*44]を結成するに至る。このレサビーから見ると、ドイツで興った近代建築もまた「肩をすくめてはその場を繕うもう一つのデザインの詐欺――汝古きモダニスト様式よ！　我々はコピーする様式を持たねばならぬ――この芸術は何と奇妙なものか」[*45]ということになる。老レサビーの国際「様式」に対する痛烈な皮肉と言うべきであろう。

バタフライ・プランの実験

プライアーもまた、レサビー同様、様式を否定して次のように言う。「『様式』は死んだ。

*40 The Technical Education Board, London County Council (LCC).
*41 The Central School of Arts and Crafts
*42 Royal College of Art
*43 Design for Industry Association
*44 Modern Architecture Constructive Group
*45 引用はR. Macleod, op.cit., p.67. による。

そんなものは行ってしまった。建築家が行なっている芸術を救済してくれるのは、知識に存するのではなく、実験に、クラフトマンシップの創意工夫に存するのであり、建設の素朴な必要性に立ち帰り、その内に美の力を見い出すことにあるのだ。」[*46]アーツ・アンド・クラフツのヴァナキュラー・リヴァイヴァルの逆説は、デザイナーが自らの個性を否定してヴァナキュラーな伝統の中に埋没するようにデザインしたところにあるのだが、その逆説は、プライアーのように個性の強い建築家[*47]の作品に最もよく現われている。

ザ・バーン[*48]（一八九六―九七年、図45―46）、即ち「小屋」と題された住宅を見よう。平面は、中央の擬六角形ホールから両ウィングが四五度の角度をもって突き出されたもので、蝶が羽を広げたように見えることから「バタフライ・プラン」[*49]と称されている。「バタフライ・プラン」の特徴は、常にどこかのウィングに陽が射し、ウィング間に陽光下でのハイ・ティーなどを催すテラスが囲い込まれていること――これが別名「サン・トラップ（sun-trap）」と呼ばれる所以である――にあり、平面がシンメトリカルであるにもかかわらず、屋内からの眺望、屋外からの眺望が人が移動する度に変化することにある。この平面の起源は定かではなく、その一つとしてエリザベス朝住宅における「考案（devices）」[*50]が挙げられているばかりである。この時期における「バタフライ・プラン」の嚆矢は、前述したショウのチェスターズであるが、そこでは斜めに突き出されたウィングがバロック様式の円弧スクリーンに覆われている。それに対してこの「小屋」は文字通りヴァナキュラー様式によ

＊46 E.S. Prior, 'Church building as it is and it might be', *Architectural Review*, Vol.IV, 1898, p.158.

＊47 「エドワード・プライアーは何の差し障りもなく自分の考えていることを言ったし、普通のやり方では考えなかった。」Reginald Blomfield, *Richard Norman Shaw RA*, London, 1940, p.88.

＊48 The Barn, Exmouth, Devon, 1896–97.

＊49 バタフライ・プランの様々な事例については、J. Franklin, 'Edwardian Butterfly Houses', *Architectural Review*, June 1975, pp.220–225を参照。

＊50 エリザベス朝では「考案（devices）」と呼ばれる何かを象徴した造形が流行し、ロッジなどでは、三角形、Y字形、頭文字をとった平面が試みられた。M. Airs, *The Buildings of Britain : Tudor and Jacobean*, London, 1982, pp.17–20. 前掲論文で、ジル・フランクルは、「バタフライ・プラン」の起源は不明としながらも、前例の一つとして後期エリザベス朝住宅、ウェストウッド（Westwood, Worcester）を挙げている。Ibid., p.220.

図45　ザ・バーン、エクスマス、デヴォン、一八九六–九七年、エドワード・プライアー設計

図46　ザ・バーン、一階平面

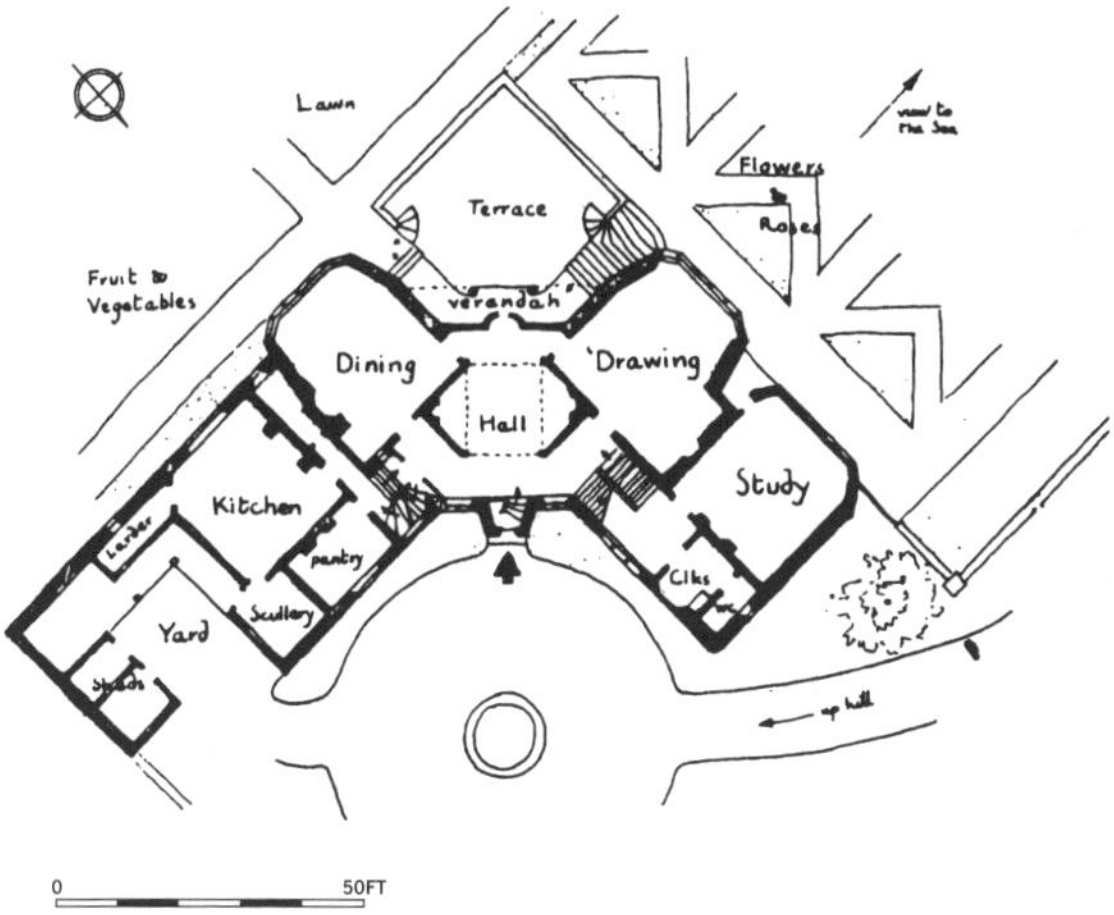

るもので、「バタフライ・プラン」に沿って分節された屋根では、中央部のタイル貼りゲーブルが正面玄関を示し、ウィングからは地元ドーセットの農家に見られるような円筒形の煙突が立ち上っている。屋根は元々藁葺であったが、火災後スレート葺に代えられた。また外壁は地場産砂岩に近くの海岸から採ってきた玉石を混ぜて積み上げたもので、ラスキンの推奨したテクスチュアの変化が試されている。そして、その外壁と同じ材料がテラスや庭にも使われて、本住宅に「大地に根付いた」ような印象が付与されているのである。以後様々な建築家が「バタフライ・プラン」を手掛けることになったが[*51]、プライアー自身もホーム・プレイス[*52]（一九〇三－〇五年、図47）という次作を実現した。平面は中央のホールからウィングを六〇度の角度でもって突き出したもので、その一方のウィングにエントランスがとられている。ここではゲーブルにより立面のシンメトリーが強調され、それぞれの立面毎に六角形状の庭園が囲い込まれている。屋根は地元ノーフォーク産パンタイルで葺かれたものである。玉石を混ぜたコンクリート造の外壁は、地場産褐色砂岩で枠取られた上に、フリント(燧石)のパターンが付けられており、それが庭園を囲う壁やテラス面にまで及んでいるのである。そうしたテクスチュアの変化は地元の材料・構法に基づいており、プライアーの言葉を借りると「私たちが使える自然そのもののテクスチュア」[*53]であろうが、いかにもせわしげで煩雑な印象は否めない。それは、「バタフライ・プラン」と同様、プライアーの個性がヴァナキュラーなる匿名性に埋没し得ないことの証しなのである。

*51 代表作としては、デトマー・ブロウ(Detmar Blow, 1867-1939)設計のハッピスバラ・マナー(Happisburgh Manor, Norfolk, 1900)、エドウィン・ラッチェンス設計のパピヨン・ホール(Papilon Hall, Leicestershire, 1903-04)などが挙げられる。

*52 Home Place, Holt, Norfolk, 1903-05.

*53 E. S. Prior, Transactions of the National Association for the Advancement of Art and its Applicaion to Industry, 1889.

図47　ホーム・プレイス、ホルト、ノーフォーク、一九〇三―〇五年、エドワード・プライアー設計
図48　セント・ポールズ女学校、ハマースミス、一九〇〇―〇四年、ジェラルド・ホーズリー設計

ネオ・ジョージアン様式への展開

ジェラルド・ホーズリーは、ショウの友人で施主でもあった画家ジョン・ホーズリーの息子で、ショウ事務所から独立後も、父親譲りの画才を生かして、ショウ設計の教会内装をゴシック様式で仕上げていたが[*54]、ハマースミスのセント・ポールズ女学校[*55]（一九〇〇－〇四年、図48）では、ショウのネオ・ジョージアン様式に倣って、ルネットで照らされたヴォールト天井を持つ大ホールを作り上げたのである。

マーヴィン・マッカートニー、アーネスト・ニュートンもまた、クィーン・アン様式の放縦さや気まぐれを離れ、実直で、古典のディテールやプロポーションに忠実なネオ・ジョージアン様式を推進していった。クィーン・アン様式による一七－一八世紀の赤レンガ造住宅の再評価は、その実例を採集する作業を促し、『アーキテクチュラル・レヴュー』誌の初代編集長となったマッカートニーはそうした実例集を多く著わした[*56]。しかも、そうして採集されたディテールやプロポーションが、実作の手本として使われるようになった。ヴァナキュラー・リヴァイヴァルの理想が、デザイナーの個性を否定し、ヴァナキュラーの匿名性に埋もれることを目指している以上、建築要素を個性によって変形するよりも、伝統に根ざした「正しい」ディテールを再現することこそ、その理想に適っていよう。こうしてモリス－ウェッブの思想が読み替えられ、変幻自在なクィーン・アン様式がネオ・ジョージアンという古典様式へと収斂していったのである。ニュートンは「自然な

*54 ジェラルド・ホーズリーは、ショウが設計したリークのオール・セインツ教会(All Saints Church, Leek, Staffordshire, 1884-87)、ボーンマスのセント・スイサンズ教会(St Swithun's Church, Bournemouth, Hampshire, 1875-1892)の内装を手掛けた。ショウ自身、一九〇五年の手紙の中で次のように述懐している。「私は五〇年前の『ゴシック』から始めたのだが、今の人は私よりもずっとうまくそれをやっている。」A. Saint, op. cit., p.274.

*55 St. Paul's Girls' School, Hammersmith, 1900-04.

*56 M. Macartney and J. Belcher, *Later Rennaisance Architecture in England*, London, 1901; M. Macartney, *The Practical Exampler of Architecture*, London, 1907; M. Macartney, *English Houses and Gardens or the 18th and 19th Centuries*, London, 1908.
その他のネオ・ジョージアン様式の教本としては、以下のものが挙げられる。
H. Field and M. Bunney, *English Domestic Architecture of the 17th and 18th Centuries*, London, 1905; R. C. Ramsey and J. D. Harvey, *Small Georgian Houses and Their Details 1750-1820*, London, 1919.

建築とは、合理的で健康な職人が石造・木造の仕事を通じて実直に自らを表現する芸術である」[57]という立場から、大陸のアール・ヌーヴォーを「気ままを自由と取り違え、全ての自制を捨て去っており、正常で合理的な建築の発展を妨げる」「奇形建築」と見做したのである。

ニュートンの処女作ブラーズ・ウッド[58]（一八八九年）は、職人によりヴァナキュラー化されたジョージアン様式に基づいた赤レンガ造の増築で、開き窓を連ねたベイウィンドウの頂部から石造コーニスが突き出され、その上に寄棟屋根が架けられている。「ここには、住宅らしい安らぎを表現し、ネガティヴな意味で良き趣味となる抑制が存することは疑い得ない。わざとデザインせずに住宅を設計し、そうしたネガティヴなデザインに認知可能な個性の刻印を押すということが、現在、建築家の一派で好まれている。」[59]レッドコート[60]（一八九四–九五年、図49）でも、赤レンガの外壁に白塗り木製上げ下げ窓が規則正しく配置される一方で、ゲーブル、ベイウィンドウの凹凸に、階段室のオリエル・ウィンドウがアシンメトリカルなアクセントとして添えられている。ところが後期作品、ラックリー[61]（一九〇七年、図50）ともなると、いわゆるレン様式の歯飾り付きのコーニスと寄棟屋根によって、外観が単純なシルエットにまとめられているのである。

*57 E. Newton, *A Book of Country House*, London, 1903, pp.1-2.

*58 Buller's Wood, Chislehurst, Kent, 1889.

*59 *Builder*, Vol.LVIII, 1890, p.355.

*60 Redcourt, Haslemere, Surrey, 1894-95.

*61 Luckley, nr. Workingham, Berkshire, 1907.

図49　レッドコート、ヘイズルメア近郊、サリー、一八九四-九五年、アーネスト・ニュートン設計

図50　ラックリー、ウォーキンガム近郊、バークシャー、一九〇七年、アーネスト・ニュートン設計

北部アート・ワーカーズ・ギルド

アート・ワーカーズ・ギルドの類は、ロンドンばかりでなくイギリス各地に次々に結成されたが[62]、その中でも、マンチェスターの北部アート・ワーカーズ・ギルド[63]の活動はひときわ眼を引く。

創設メンバーの一人、エドガー・ウッド[64]は、マンチェスター地方のヴァナキュラー・リヴァイヴァルを試みた。クライスト・サイエンティスト第一教会[65]（一九〇三–〇八年、図51）では、「バタフライ・プラン」を応用したY字型平面を採り、礼拝堂前面に読書室と教室のウィングを斜め方向に突き出して前庭を囲い込んでいる。正面を見ると、ラフキャスト仕上げのゲーブルには石造窓枠で十字が描かれる一方、レンガ造アーチのエントランスの傍らから同じくレンガ造の円筒形階段室が立ち上げられ、更に両ウィング妻面からも煙突が立ち上げられているのである。一九〇四年以降、ウッドはジェイムズ・ヘンリー・セラーズ[66]とパートナーシップを組み、その影響を受けて、幾何学形を強調した箱形建築を作るようになった。アップミーズ[67]（一九〇八年、図52）、ロイド邸[68]（一九一四–一六年）といった住宅は、コンクリート造フラット・ルーフを架けることで屋根架構から外壁を解放して、バロック的な凹面をなす正面を作り出している。後者の平面は、円形ホールから書斎と台所を斜め方向に突き出した「バタフライ・プラン」の変形版であって、その正面では、後の「ジャズ・モダン」を彷彿とさせる幾何学的装飾が大胆に試みられている。またミドルトン、ダー

*62 アート・ワーカーズ・ギルドは、リヴァプール（一八八六年）、バーミンガム（一九〇二年）、エディンバラ（一九〇五年）にも創設された。
*63 Northern Art Workers' Guild
*64 Edgar Wood, 1860–1935
*65 First Church of Christ Scientist, Manchester, 1903–08.
*66 James Henry Sellers, 1861–1954
*67 Upmeads, Stafford, Staffordshire, 1908.
*68 Royd House, Hale, Cheshire, 1914–16.

図51　クライスト・サイエンティスト第一教会、マンチェスター、一九〇三―〇八年、エドガー・ウッド設計
図52　アップミーズ、スタッフォード、スタッフォードシャー、一九〇八年、エドガー・ウッド及びジェイムズ・ヘンリー・セラーズ設計

ンフォード・ストリート学校[69]（一九〇八－一〇年、図53）でも、ロンドンの公立小学校に見られるクィーン・アン様式の要素が単純化され、更にフラット・ルーフによりマス全体の純粋な幾何学形が強調されているのである。

一八九六年にバクストンで事務所を開いたバリー・パーカー[70]とレイモンド・アンウィン[71]も、北部アート・ワーカーズ・ギルトの次世代メンバーであった。彼らはチョコレート企業主、ジョゼフ・ロウントリーの委託を受け、工業モデル・ヴィレッジ、ニュー・イアーズウィック[72]（一九〇二年－）を設計、その後、第一田園都市レッチワース[73]（一九〇三年－）、ロンドン北郊のハムステッド・ガーデン・サバーブ[74]（一九〇五年－）を設計し、近代都市計画の礎を築いていったのだが、その経緯については、別の拙著[75]を参照されたい。バクストン時代のパーカーとアンウィンは、ウッドの「バタフライ・プラン」に影響を受けたが[76]、その影響は、後年のハムステッド・ガーデン・サバーブにおける交差点広場を囲む住宅群に生かされることになる。またヴォイジーからは、ラフキャスト、バットレス、ボウ・ウィンドウなどの特徴的な建築要素を吸収し、ベイリー・スコットからは、イングルヌック、階段、二階ギャラリーをコンパクトにまとめたホールとオープンな平面を学び取った。ヒル・クレスト[77]（一八九六年、図54）を見ると、二層吹抜けのホールの片隅にイングルヌックがとられ、その側面に沿った階段が二階オルガン・ギャラリーに至り、そこからホールを見下ろすことができる。「大きな部屋が快適であるためには、それは凹みを持たなければな

*69 Durnford Street School, Middleton, Manchester, 1908–10.

*70 Barry Paker, 1867–1947

*71 Raymond Unwin, 1863–1941

*72 New Earswick, nr. York, Yorkshire, 1902-.

*73 Letchworth, Hertfordshire, 1903-.

*74 Hampstead Garden Suburb, London, 1905-.

*75 片木篤『イギリスの郊外住宅－中流階級のユートピア』住まいの図書館出版局、一九八七年

*76 ウッドはドーアの住宅（A House at Dore, nr. Sheffields, c.1904）で「バタフライ・プラン」を試みており、ほぼ同時期に、パーカーもホーステッド・キーンズの住宅（A House at Horsted Keynes, Sussex）で同様の平面を採っている。

*77 Hill Crest, Marple, Cheshire, 1896.

図53　ダーンフォード・ストリート学校、ミドルトン、マンチェスター、一九〇八―一〇年、エドガー・ウッド及びジェイムズ・ヘンリー・セラーズ設計

図54　ヒル・クレスト、マープル、チェシャー、一八九六年、バリー・パーカー及びレイモンド・アンウィン設計

らない。凹凸のある平面を持つ部屋において、人が座っている所から部屋全体を見渡せない時、ちょっとした神秘感が与えられれば、即ちコーナーを回った所にいつも何かがあれば、非常に魅力的なのである。」[*78]

センチュリー・ギルドとギルド&スクール・オブ・ハンディクラフト

アート・ワーカーズ・ギルドが会員の集会・討論を旨とする一種のサロンであったのに対し、アーサー・ヘイゲート・マクマード[*79]率いるセンチュリー・ギルド[*80]とチャールズ・ロバート・アシュビー[*81]率いるギルド&スクール・オブ・ハンディクラフト[*82]など、営利事業としてのギルドも結成された。

老ラスキンから直接に教えを受けたマクマードは、一八八二年「全ての芸術を商人ではなく芸術家の領域とする」ことを目的にセンチュリー・ギルドを結成、これがアーツ・アンド・クラフツ運動で最初のギルドとなった[*83]。マクマード著『レンのシティ・チャーチ』[*84]（一八八三年、図55）は、レン様式の実例集としてクィーン・アン様式からネオ・ジョージアン様式への古典化を促す一方、その表紙には、題字の書かれたリボンがうねりながら鳥の尾や草花に巻き付いたデザインが施されており、大陸のアール・ヌーヴォーの先駆と見做されている[*85]。かくほど左様に、彼のデザインは多種多様で定まるところがない。例えばリヴァプール博覧会でのセンチュリー・ギルド展示スタンド[*86]（一八八六年、図56）では、正方

図55　アーサー・マクマード著『レンのシティ・チャーチ』表紙、一八八三年

*78 Barry Parker, 'Some Principles Underlying Domestic Architecture,' *Journal of the Society of Architects*, Sep. 1895, p.243.
*79 Arthur Heygate Mackmurdo, 1851-1942
*80 The Century Guild
*81 Charles Robert Ashbee, 1863-1942
*82 The Guild and School of Handicraft
*83 一八八八年、マクマードのアート・ワーカーズ・ギルドへの入会に伴い、センチュリー・ギルドもそれに吸収された。
*84 Arthur Mackmurdo, *Wren's City Churches*, Orpington, 1883.
*85 ペヴスナーは、上記の表紙の他に、センチュリー・ギルドの機関誌『ホビー・ホース』の表紙、マクマード作の壁紙「単弁花」「孔雀」を取り上げ、アール・ヌーヴォーの発生を論じている。N. Pevsner, *The Sources of Modern Architecture*, pp.43-49.

形の板を頂部に戴いた角柱が使われているが、このモチーフはヴォイジーやマッキントッシュに影響を与えることになる[*87]。同じ角柱は、ブルックリン[*88]（一八八七年頃）という住宅でも用いられているが、この白い箱形住宅は近代建築の先駆[*89]というよりも、むしろ裸にされたネオ・ジョージアン住宅と呼ぶ方が妥当だろう。クィーン・アン様式の住宅、カドガン・ガーデンズ二五番地[*90]（一八九三―九四年、図57）の窓も、同じように垂直に引き伸ばされたプロポーションを持っているが、同じ形態が、一つの立面では平らのままで、もう一

図56　センチュリー・ギルド展示スタンド、リヴァプール博覧会、一八八六年、アーサー・マクマード設計

図57　カドガン・ガーデンズ二五番地、ロンドン、一八九三―九四年、アーサー・マクマード設計

*86 Century Guild stand, Liverpool Exhibition, 1886.
*87 Ibid., pp.115–117.
*88 Brooklyn, Enfield, Middlesex, c.1887.

つの立面では突き出されて出窓が作られている。そこにマクマードの変幻自在さを見ることができる。

アシュビーは、ロンドン、イースト・エンドにあるスラムの福祉事業に関わり、一八八八年、スラムの貧民の手に職をつけさせることを目的としたギルド&スクール・オブ・ハンディクラフトを設立した。一八九八年、ギルドは会社に改組され、翌年には製品を販売する小売店を開設したが、一九〇二年、アシュビーはこのギルド総勢百余名を率いコッツウォルズ地方の一村落、チッピング・カムデンに移住し、そこを活動拠点としてモリスの中世コミュニティの夢を実現しようとした。が、営利事業であるギルドがロンドンを離れるということは市場を放棄することにも等しく、この事業は一九〇七年に失敗に帰す。アシュビーはモリスの社会主義の影響を強く受けながらも、工芸における機械化を認めるという点ではモリスの思想を批判的に発展させたと言えるだろう。彼はチッピング・カムデンにはかの地のヴァナキュラーな伝統に則ったコテジを、ロンドン、チェルシーにはクィーン・アン様式の住宅、チェイン・ウォーク三八・三九番地[*91]（一八九九―一九〇一年、図58）を建てた。後者は、下階がレンガ、上階がプラスターという古いロンドンの都市住宅を復興しようとしたもので[*92]、特に三八番地では女流画家のスタジオを収めるべく、丸窓付きゲーブルが立ち上げられている。頂部を球で飾った鉄製柵は、優れた金工デザイナーであったアシュビーの一端をうかがわせるものである。

*89 N. Pevsner, 'A Pioneer Designer: Arthur H. Mackmurdo', *Architectural Review*, March 1938, pp.141-143.

*90 25 Cadgan Gardens, London, 1893-94.

*91 38-39 Cheyne Walk, Chelsea, London, 1899-1901.

*92 *Builder*, Vol.LXXVIII, 1900, p.584.

図58　チェイン・ウォーク三八・三九番地、チェルシー、ロンドン、一八九九–一九〇一年、チャールズ・アシュビー設計
図59　ストニーウェル・コテジ、ウルヴァーズクロフト、レスターシャー、一八九八–九九年、アーネスト・ギムソン設計

ギムソンとバーンズリー兄弟

そのアシュビーが「芸術の将来はここにある」[*93]と激賞したのが、ギムソンのグループであった。アーネスト・ギムソンは一八八四年にモリスに出会い、その紹介でセディング事務所で修業をした後、一八八九年に古建築保護協会に入会、一八九〇年にはレサビーやセディング事務所の同僚であったアーネスト・バーンズリー[*94]らとともに家具製作を行なうケントン商会[*95]を設立した。その頃までにギムソンは木工と左官の技術を修得しており、レサビー設計のエイヴォン・タイレルの全てのプラスター装飾は、ギムソンによってデザインされ、施工された。一九〇〇年、ギムソンはアーネストとシドニーのバーンズリー兄弟と一緒にコッツウォルズ地方、サパートンに移住し、そこで家具製作と建築の仕事に専心した。モリスの描いた中世コミュニティとその「単純素朴な」コテジのイメージが、野生の自然の中に建つプリミティブ・ハットへと尖鋭化されていったその果てには、大地と住宅とは分かち難く融け合ってしまうだろう。それが、ギムソン設計のストニーウェル・コテジ[*96]（一八九八–九九年、図59）である。そこでは、Z字を引き伸ばしたような平面が、「バタフライ・プラン」のようにシンメトリカルにテラスを囲い込むのではなく、あたかも丘の一部であるかのようにうねりながら伸びていき、それがマッシヴな煙突で元の丘に釘付けられているように見えるのである。

*93 C.R.Ashbee, *Memories*, Typescript in Victoria and Albert Museum Library, Vol.III, p.366.

*94 Ernest Barnsley, 1861–1926

*95 Kenton & Co.

*96 Stoneywell Cottage, Ulverscroft, Leicestershire, 1898–99.

四　ホワイト・コテジ

C・F・A・ヴォイジー

一八六〇年頃イギリスに興った「住宅復興」は、一方でモリス－ウェッブに、他方でショウに率いられて発展し、一九〇〇年前後に質量共に一つの頂点をきわめ、ムテジウスの著作はもとより多くの雑誌を通じてヨーロッパ大陸の建築活動に影響を与えた。そうした住宅作品の中でもひときわ生彩を放っているのが、チャールズ・フランシス・アネスリー・ヴォイジー[*1]のホワイト・コテジである。純粋な幾何学形態が装飾も凹凸もない白い壁で強調された住宅。そこにムテジウスは「歴史的伝統の完全な放棄」[*2]を見て取り、ペヴスナーは、アーツ・アンド・クラフツ運動のヴァナキュラー・リヴァイヴァルそのものがネオ・ジョージアン様式へと変質していく中で、「ヴォイジーがほとんど唯一人、真の現代様式に向っての努力を続けていた」[*3]と評価している。が、このようなヴォイジーの「進歩性」、即ちヴォイジーと近代建築との親近性を強調することが、ヴォイジーの作品の評価を著しく偏ったものにしてきたことも事実である。実際、ヴォイジー自身、近代建築に強い反感と嫌悪を感じており、次のように記している。「近代建築は、下品なまでに攻撃的なプロポーション、いかさま師のように極端なディテール、横に寝そべったような窓など、嘆かわしい程沢山の誤りがある。丁度無作法な子供のように、私たちは伝統を破りそれに背を向けてしまった。これは誤ったオリジナリティであって、真のオリジナリティとは、いつの時代でも、個々の芸術家が伝統的形態の発展に付与した精神的なものであったのである。」[*4]

*1 Charles Francis Annesley Voysey, 1857-1941
*2 H. Muthesius, op.cit., p.162; English translation, p.42.
*3 N. Pevsner, *Pioneers of Modern Movement*, p.152.

ここでは、ヴォイジーの言う伝統的形態の発展という観点から、もう一度彼の作品を見直すことにしよう。

ベッドフォードパーク、サウス・パレード一四番地

まずはベッドフォードパーク、サウス・パレード一四番地[*5]（一八九一年、図60）から見ていこう。建物や煙突の単純なマス、緩傾斜のスレート葺寄棟屋根、軒の出を支える金属製ブラケット、白いラフキャストの外壁、石に枠取られた開き窓の連続など、塔状の「縦長」プロポーションを除けば、以後のヴォイジーの作品を特徴付ける建築要素のほとんど全てがこの住宅に現われていると言ってよい。そしてこのホワイト・コテジが、ベッドフォード・パークの他の住宅、即ちショウの設計した赤レンガ造クィーン・アン様式の住宅に、孤軍で反旗を翻しているように見えるのである。

しかしながら、このホワイト・コテジは近代建築を予言するものではない。前世代のディヴィーやショウがイングランド南部地方のコテジを採集したのに対し、ヴォイジーは、ヨークシャー出身ということもあって、イングランド中・北部地方のコテジに眼を向けた。例えばラフキャストは、石壁の防水処理として消石灰を主体とするモルタルを粗塗りする仕上げであり、ことに石灰石の産地であるイングランド中部コッツウォルズ地方では、窓枠だけを除く石灰石造の壁全体にラフキャストを施した住宅が多く残されていた。サウス・

*4 C. F. A. Voysey, a lecture in Feb. 1934, *RIBA Journal*, Vol.XLI, 1934, p.479. C. F. A. Voysey, 'Patriotism in Architecture', *Architectural Association Journal*, Vol.XXVIII, 1912, pp.21-25.

*5 14 South Parade, Bedford Park, London, 1891.

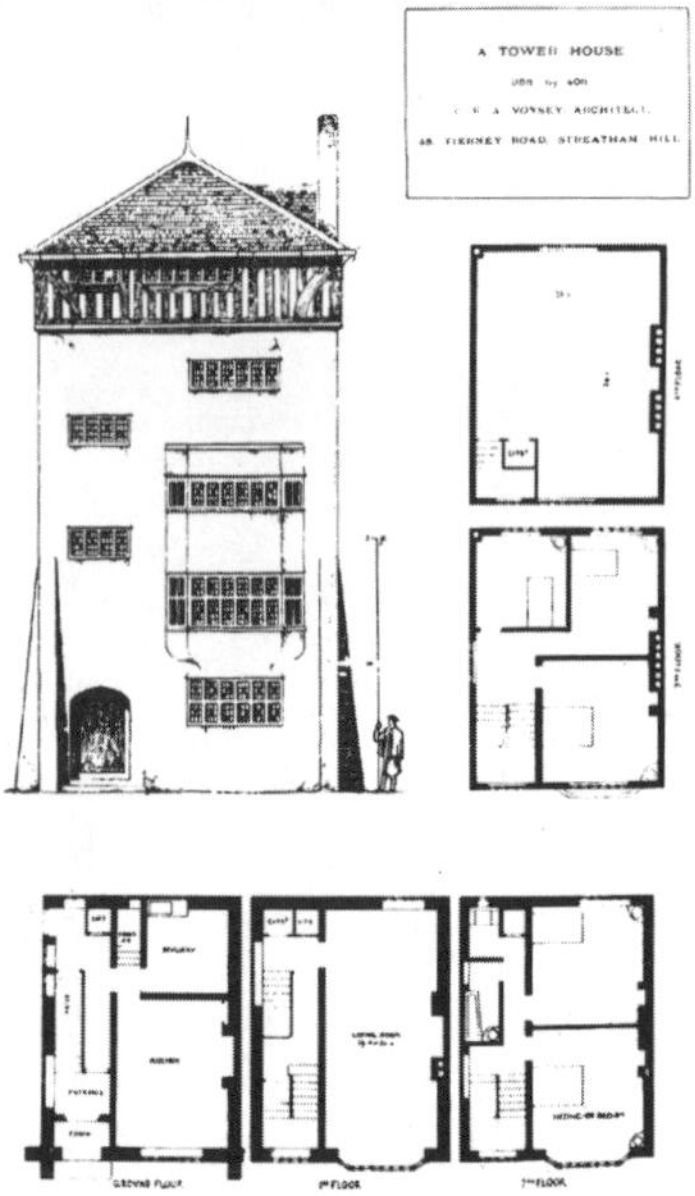

図60　サウス・パレード一四番地、ベッドフォード・パーク、ロンドン、一八九一年、C・F・A・ヴォイジー設計
図61　搭状住宅計画案、ストリーサム・ヒル、ロンドン、一八八九年、C・F・A・ヴォイジー設計

パレード一四番地の白壁や水平連窓は、こうした伝統的構法を復興し単純化したものであって、直ちにフランク・ロイド・ライトのプレーリー住宅やル・コルビュジエの初期住宅と比較されるべきものでもなかろう。むしろそのポーチや円形窓の単純化された古典的ディテールから、一八九〇年にヴォイジーが移り住んだ後期ジョージ朝のヴィラの影響*6をうかがうことができるのである。

このような伝統的要素の単純化は、最終的にはこの住宅に結実していく「縦長」住宅の発展過程に鮮明に現われている。一八八八年の計画案では、赤いタイル葺寄棟屋根、レンガ

*6 J. Brandon-Jones and others, *C. F. A. Voysey: Architect and Designer 1837-1941*, London, 1978, p.10.

とラフキャストとを対比した外壁､隅を切ったベイウィンドウ、テューダー様式の偏平アーチなどが見られるが、これらは全て師のディヴィー譲りの伝統的要素である。続く「塔状住宅」計画案[*7]（一八八九年、図61）では、ハーフ・ティンバーがラフキャストの壁に対比されている他は、伝統的要素からディテールがはぎ取られて形態が単純化されるとともに、全体がより「縦長」に引き伸ばされており、しかもそれが、バットレスや煙突といった垂直要素によって一層強調されているのである。平面においても、一階にダイニング・ルームとドローイング・ルームの二室を縦列させるという伝統的な平面に代わって、ここでは一階には台所・洗い場、二階にはリビング・ルーム――ヴォイジーは、イギリスでこの室名を使い始めた建築家の一人である[*8]――が一室だけとられている。最上階全体をスタジオが占めるという部屋構成は、前述したウェッブやショウのスタジオ・ハウスの延長上に位置付けることができよう。

ペリークロフトとブロードリーズ

ヴォイジーは、初期の「横長」住宅で、いわゆる北廊下型平面[*9]――北側にエントランスと廊下をとり、その廊下に沿って主要居室を並べて南面させるもので、日照・通風など衛生面を特に重視したエドワード朝中小住宅の基本的平面となった[*10]――を試みている。コテジ計画案[*11]（一八八五年、図62）は、結婚直後のヴォイジーが自分たちのために設計し

*7 A Tower House, Streatham Hill, 1889.

*8 リビング・ルームという語は、イギリスでは労働者住宅に起源を持つものと見做されていた。T.Rivers and others, *The Name of the Room : A History of the British House & Home*, London, 1992, p.27. ヴォイジーは、コテジ計画案（一八八五年）からこの語を使い始めている。M. Richardson, *Architects of the Arts and Crafts Movement*, London, 1983, p.101.

*9 J. Franklin, *The Gentleman's Country House and Its Plan 1835-1914*, London, 1981, p.227.

*10 P. Davey, *Arts and Crafts Architecture*, London, 1890, pp.30-31 and p.84.

*11 Design for a Cottage, 1885.

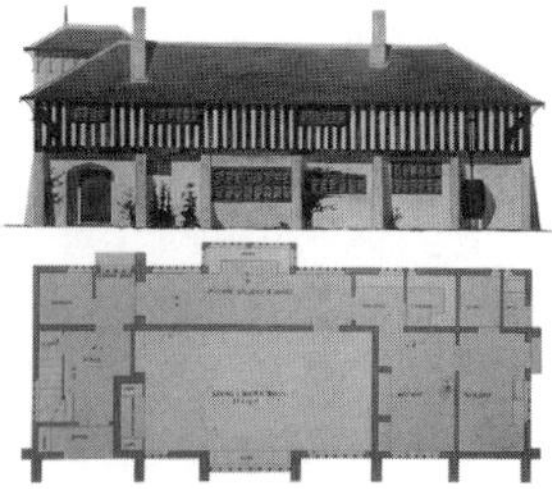
図62　コテジ計画案、一八八五年、C・F・A・ヴォイジー設計

図63　ウォルナット・ツリー・ファーム、カースルモートン、ヘレフォードシャー、一八九〇年、C・F・A・ヴォイジー設計

た住宅で、一階南側にリビング&ワーク・ルーム、台所、洗い場が並べられ、北側のピクチャー・ギャラリーに続いてサーヴィス諸室が並べられている。外観を見ると、一階ラフキャストの壁はバットレスで分節され、その厚み内にリビング&ワーク・ルームのベイウィンドウが収められており、その上にハーフ・ティンバー造の二階と寄棟屋根が載せられている。二階北西隅の水廻りは、サウス・パレード一四番地を彷彿とさせるような塔状マスとして立ち上がって、一・二階を繋ぎとめている。ビショップス・イチングトンのコテジ[12]（一八八八年）の平面は前例と同様であるが、ここでは前例二階のハーフ・ティンバーが取り除かれ、その代わりに二階窓上部に小さな寄棟屋根が連ねられて、軒の水平線に抑揚が付けられている。ウォルナット・ツリー・ファーム[13]（一八九〇年、図63）の平面はL字型をなすが、主屋だけを見ると、エントランス側には廊下と階段、庭園側にはパーラー、リビング・ルーム、モーニング・ルームの主要居室が線状に並べられている。庭園側立面は、ビショップス・イチングトンのコテジ南面を変形したもので、ここでは軒の水平線がハーフ・ティンバーのゲーブルで分断された後、ブラケットで支えられた樋によって補完されている。サウス・パレード一四番地に、大陸のアール・ヌーヴォーに通じる「若々しい反抗的態度」[14]を読み取る者にとってみれば、ヴォイジーの完成された作風は、伝統に一歩も二歩も後退したものに映るに違いない。初期の代表作である下院議員のカントリー・ハウス、ペリークロフト[15]（一八九三−九四年、図64−65）は、「もはや伝統に敵対したものではなくなってい

る」[16]のである。

ペリークロフトの平面を見ると、北廊下型の主屋にサーヴィス部が付けられ、平面全体がL字型をなしていることがわかる。エントランス側-北立面では、L字の入隅近くにオジー・ドームと風見鶏を戴く小塔を配することで、立面にアクセントを付けている。そしてそれによって断ち切られる軒の直下には、コッツウォルズ地方のコテジから採られた水平連窓が続き、階段とホールを照らしている。庭園側-南立面を特徴付けているバットレスもまた、中世以来のヴァナキュラーなモチーフの一つである。ヴォイジーは、壁厚を薄くすることができるという経済上のメリットからその使用を説明しているが、寄棟屋根により水平性が強調された立面を垂直に分節するデザイン要素として重用していることは明らかだろう。初期の「横長」住宅に見られた一階分のバットレスとは異なり、ここではバットレスが二階分立ち上がって寄棟屋根を支え、かつマス全体を大地に根付かせている。またバットレスの厚みを利用して二階を張り出し、一・二階を水平に分節するとともに、一階でポーチやベイウィンドウの凹凸を付けることで、壁全体の平坦さを損なうことなく、そこに微妙な陰影を加えているのである。

ヨークシャーの鉱山主の週末用住宅、ブロードリーズ[17]（一八九八年、図66）でも北廊下型の主屋にサーヴィス部が付けられたL字型平面が採られており、ウィンダメア湖を見下ろす南面にはダイニング・ルーム、ホール、ドローイング・ルームの三つの主要居室が並べら

*12 Cottage, Bishop's Itchington, Warwickshire, 1888.
*13 Walnut Tree Farm, Castlemorton, Herefordshire, 1890.
*14 N.Pevsner, op.cit., p.152.
*15 Perrycroft, Colwall, Herefordshire, 1893-94.
*16 Ibid., p.152.
*17 Broadleys, Windermere, Cumbria, 1898.

図64　ペリークロフト、コルウォール、ヘレフォードシャー、一八九三–九四年、C・F・A・ヴォイジー設計

図65　ペリークロフト、一階平面

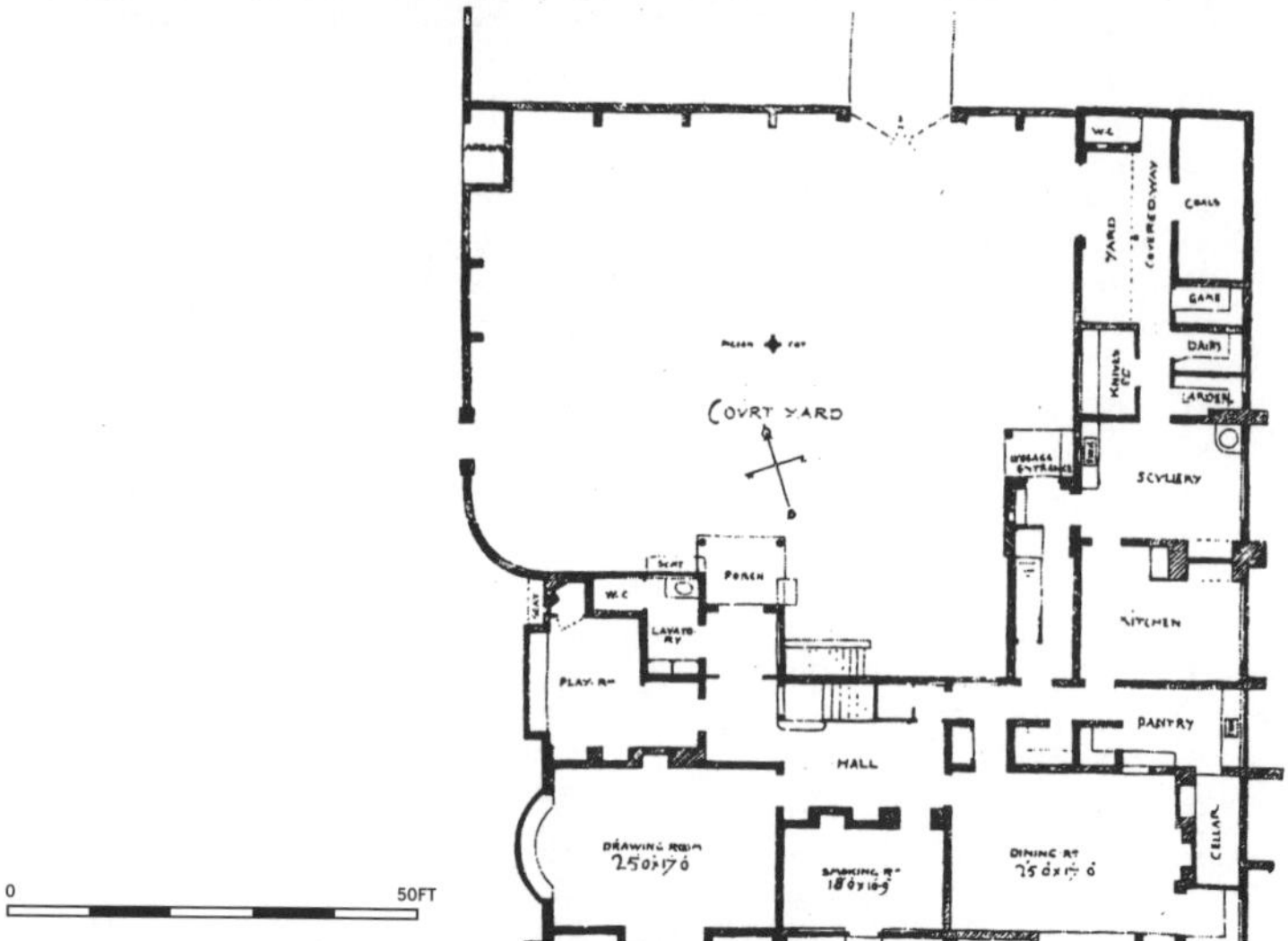

れている。エントランス側–北立面では、寄棟屋根、水平連窓を持つ階段室塔がエントランスを指示し、庭園側–南立面では、各主要居室に対応して三つのボウ・ウィンドウが寄棟屋根の軒線を断ち切って屹立している。中央のホールのみが二階分吹き抜かれているため、そのボウ・ウィンドウの全面に砂岩で枠取られた開き窓がとられているが、両側のボウ・ウィンドウでは、階毎に連窓と腰壁が水平に巡らされて、ボウ・ウィンドウの持つ垂直性が和らげられている。「縦長」あるいは「横長」のコンパクトなまとまりではなく、両者のきわどい均衡がデザインされているのである。

伝統と個性

そうしたきわどい均衡は、ウォルナット・ツリー・ファームで試みられた片方だけ低く垂れ下がったゲーブルにも見て取ることができる。小説家ジュリアン・ラッセル・スタージス[*18]の住宅、グレイフライアーズ[*19]（一八九六年、図67）では、長く続く寄棟屋根の一端に付けられた大ゲーブルが垂れ下がって、両者を釣り合わせているのに対し、ムアクラグ[*20]（一八九八年）や自邸ジ・オーチャード[*21]（一八九九年）では、住宅両端に付けられたゲーブルのうち一方が垂れ下がって、立面のシンメトリーを微妙に崩している。ニュー・プレイス[*22]（一八九七年）やノーニー[*23]（一八九七年）におけるゲーブルと多角形ベイウィンドウとの組み合わせは、スカイラインをせわしなく分節するばかりであるが、かえって一般に流布し、

*18 Julian Russell Sturgis, 1848–1904.
*19 Greyfriars, Hog's Back, Surrey, 1896.
*20 Moorcrag, Windermere, Cumbria, 1898.
*21 The Orchard, Chorley Wood, Buckinghamshire, 1899.
*22 New Place, Haslemere, Surrey, 1897.
*23 Norney, Shackleford, Surrey, 1897.

図66　ブロードリーズ、ウィンダメア、カンブリア、一八九八年、C・F・A・ヴォイジー設計

図67　グレイフライアーズ、ホグズ・バック、サリー、一八九六年、C・F・A・ヴォイジー設計

郊外住宅の典型的モチーフとなる。

マクマードの平板を戴く角柱のモチーフは、ブロードリーズの階段室内部ばかりでなく、都市建築のスカイラインを分節するためにも用いられた。ハンズ・ロード一四・一六番地[*24]（一八九二年、図68）、サンダーソン・アンド・サンズ社壁紙工場[*25]（一九〇二年、図69）では平板を戴く角柱が曲線のパラペットと組み合わされ、それが後年マッキントッシュに影響を与えることになる。

このようにしてヴォイジーは、伝統的要素を単純化して独自のモチーフを生み出すのであるが、そこでの「排除」の原理――「全ての無用な装飾を追い出すことから始めて、ほこりのたまるようなひだ飾りやへり飾りを取り除こう」[*26]――が、近代建築の「抽象」の原理に一脈通じているに過ぎない。彼のヴァナキュラーな伝統への執着は、いわば民族主義的色彩を帯び、国際的な普遍化へ向かうものではない。彼は言う。「各国はその創造者によって独自の特性を与えられており、独自の救済がなされなければならない。過去の最上の建築は、常にその国土着のものであって、地方の要求と条件の完全な知識から生まれてきたのである。ここでいう要求とは心と体を含み、条件とは気候と国民性を含んでいるのである。」[*27]伝統への回帰は、しかしながら、建築家の個性という媒体を通じなければ、定式化された規則の遵守――「非知的で真価を認められないような過去の作品の使用」[*28]――に堕するだけである。ヴォイジーはかかる伝統主義者を批判して次のように言う。「彼

*24 14 & 16 Hans Road, Knightsbridge, London, 1892.

*25 Sanderson & Sons Wallpaper Factory, Chiswick, London, 1902.

*26 C. F. A. Voysey, 'The Art of Today', *The British Architect*, Nov. 18, 1892.

*27 C. F. A. Voysey, 'Patriotism in Architecture', p.21.

*28 C. F. A. Voysey, *Journal of Decorative Art*, Vol.XV, Apr. 1895, pp.82-88.

らにとっての具体的な形態は、最終的な構想に先行していなければならないのだが、それとは逆に個性的なる者は、実体のない思想・感情から最終的で具体的な形態を発展させるのである。それはいわば、精神的なるものから物質を、外から内にではなく内から外に作り出すことである。この後者は勿論、既存の物の記憶によって影響を受けているに違いない。が、この意識的に参照されるのではない記憶の影響と、既に存在するデザインを護持してゆくだけとの間には、大きい隔りがある。」[*29] 従って個性のないものや「集団主義は臆病者の化けの皮」[*30] ということになろう。ここに至って、モリスーウェッブからレサビー

図68　ハンズ・ロード一四・一六番地、ロンドン、一八九二年、C・F・A・ヴォイジー設計

図69　サンダーソン・アンド・サンズ社壁紙工場、ロンドン、一九〇二年、C・F・A・ヴォイジー設計

*29 C. F. A. Voysey, *Individuality*, London, 1915. ここでの引用は、J. Betjeman, 'C. F. A. Voysey : The Architect of Individualism', *Architectural Review*, Sep.1931, p.96. による。

*30 Ibid., p.96.

に受け継がれた芸術＝民衆・社会の直接的表現という集団主義的イデオロギーは大きく変形されてしまったことになる。ふりかえって考えてみると、ヴォイジーの近代性を表わすラフキャストの白い壁は、レンガ造あるいは石造という構造を覆い隠す仕上げであって、モリス－ウェッブ、レサビーの唱える材料・構造への「正直さ」というモラリティに反するものだったのである。

M・H・ベイリー・スコット

マッケイ・ヒュー・ベイリー・スコット[*31]は、バースの建築家に師事した後、一八八九年にマン島に事務所を構え、一八九三年に創刊された『ストゥーディオ』誌に、「理想的な郊外住宅」（一八九五年一月号）、「芸術家の住宅」（一八九六年一〇月号）、「小カントリー・ハウス」（一八九七年一二月号）等の計画案を矢継ぎ早に発表、ヴォイジーのホワイト・コテジという主題を発展させていった。彼は「九〇年代にヴォイジーよりも革命的であった数少ないイギリス人」[*32]と目されてきた。何故なら、「ベイリー・スコットの住宅のコンセプトは、内部と外部とが一体化され相互に関係付けられた有機体であること」[*33]にあって、彼こそが「プランニングをライト的開放の方向に発展させた」[*34]と評価されてきたからである。ここでも、先のヴォイジーの場合と同様、同時代の文脈上にベイリー・スコットを位置付ける必要があろう。ベイリー・スコットは「恐らく、鉄の住宅、フラット・ルーフ、大量生

*31 Mackay Hugh Baillie Scott, 1865-1945

*32 N. Pevsner, *Pioneers of Modern Design*, p.162.

*33 H. Muthesius, op.cit., p.177; English translation, p.51.

*34 H.R.Hitchcock, *Architecture: The Nineteenth and Twentieth Centuries*, The Pelican History of Art, Harmondsworth, 1968, p.277.

産された単純さのパイオニアと呼ばれるのを望む最後の人だろう。何故なら、彼は機械生産された住宅を嫌悪しているからである。」[*35]

ブラックウェル

ヴォイジーのブロードリーズと同じ時期、同じウィンダメア湖畔に建つブラックウェル[*36]（一八九八―九九年、図70―72）は、マンチェスター市長を二度務めたエドワード・ホルトのためにベイリー・スコットが設計した最初の大邸宅である。ブロードリーズとブラックウェルの影響関係は明らかではないが[*37]、ブロードリーズと比較することにより、ブラックウェルの特徴、ひいてはベイリー・スコットの作風を読み取ることができよう。

ブラックウェルの庭園側立面を見ると、白いラフキャストで仕上げられた外壁、黄味がかった砂岩で縁取られた開き窓、緑色のウェストモーランド産スレート葺の屋根といった地元の材料・構法が採られている点で、ブロードリーズと同様である。しかしブロードリーズでは寄棟屋根の水平性とボウ・ウィンドウの垂直性との微妙な均衡がとられていたのに対し、ここでは建物全長に切妻屋根が架けられ、その中央部から三連ゲーブルが突き出されているだけで、その平板さが物足りなく見えてしまうのは致し方あるまい。しかし、ブラックウェルの傑出しているのは、むしろインテリアにあり、ムテジウスをして「ベイリー・スコットは自立した芸術作品としてのインテリアという新しい考えを実現してみせた最初

*35 J. Betjeman, 'M.H.Baillie Scott and the Architecture of Escape' *The Studio*, Oct. 1938, pp.177–178.

*36 Blackwell, Windermere, Cumbria, 1898–99.

*37 ベイリー・スコットはブラックウェルの原案となった「理想的な郊外住宅」を『ストゥーディオ』誌一八九五年一月号に掲載しており、それがブロードリーズのホールに影響を与えた可能性があることが指摘されている。R. Gradidge, *Dream Houses : The Edwardian Ideal*, London, 1980, p.180.

の人である」[*38]と言わしめている程である。平面は、北廊下型の主屋にサーヴィス部を付加したL字型であり、南面して並べられた主要居室の内、中央のホールが吹抜かれ、そこにビリヤード台まで置かれるというところまでは、ブロードリーズと同様である。ところが、同じ北廊下型平面といっても、ブロードリーズでは主要居室が「分割」されている

*38 H. Muthesius, op.cit., p.177; English translation, p.51.

図70　ブラックウェル、ウィンダメア、カンブリア、一八九八–九九年、M・H・ベイリー・スコット設計

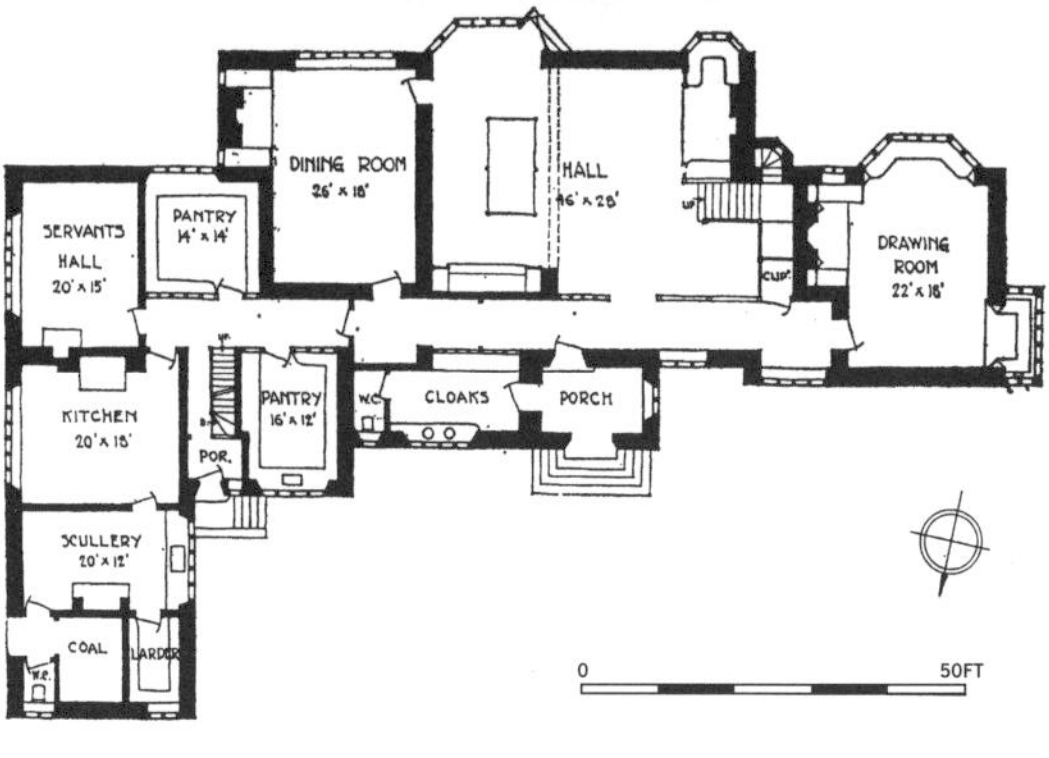

図71　ブラックウェル、一階平面

図72　ブラックウェル、ホール

のに対し、ブラックウェルでは、それぞれがL字型平面を持つ主要居室が廊下に沿って線状に「付加」されているという違いがある。特にホール（図72）に着目してみると、ここではL字の吹抜けと、同じくL字をなし、小部屋を上部に戴くイングルヌックとが噛み合わされて、ホール全体もL字をなしていることがわかる。そしてその吹抜けのL字入隅からオープンな階段を上っていくと、途中の踊場からイングルヌック上部の小部屋と二階廊下に至る階段が枝分かれしており、いずれも上りきった所から吹抜けを見下ろせるようになっている。ホール吹抜けに、二階建の「ミニチュア・ビルディング」――逆に「ジャイアント・ファニチュア」と言う方が正しいかもしれない――を挿入することは、前述したショウ自邸のホールに倣ったものであろうし、モリスが理想とした様々な「コーナー」を持ったホールを具現化したものであろう。それにもまして興味深いのは、「ミニチュア・ビルディング」の挿入によりインテリアと家具のスケール・ギャップが埋められ、両者の融合が図られていることであり、更にはイングルヌックやビリヤード室といった「ミニチュア・ビルディング」のハーフ・ティンバーの壁に植物文様の装飾があしらわれ、それらがオープンに接しているホール吹抜けが擬似外部空間として設計されていることである。造園と建築外観を一幅の風景画として構成するというピクチュアレスクの手法が、スケールの詐術により、インテリアと家具に持ち込まれ、両者が一体となった「人工の自然」が形作られる。ムテジウスの言う「自立した芸術作品としてのインテリア」をこう言い換えてもよかろう。

ダイニング・ルーム、ドローイング・ルームはともにL字の部屋で、イングルヌックの突出によって他の部屋と噛み合わされている。ドローイング・ルームは、ホールのハーフ・ティンバーとは打って変わって、白一色に塗られた部屋で、そのイングルヌックでは、暖炉上部の出窓から庇が突き出され、庇が細い柱で支えられているばかりか、柱の柱頭に施された植物文様が、庇上部のプラスターの植物レリーフにまで続いている。イングルヌックの対角線方向に張り出された出窓も同様に仕上げられており、その「人工の自然」からウィンダメア湖を見下ろすことができるのである。

「夢の家」

『ストゥーディオ』誌を通じて、ベイリー・スコットは、ダルムシュタットのヘッセ大公、エルンスト・ルートヴィヒ[*39]から宮殿のドローイング・ルームとダイニング・ルームの改装[*40]（一八九七–九八年）を委託され、アシュビーのギルド・オブ・ハンディクラフトの助けを借りて実施した。更にヘッセ大公の妹、ルーマニア女王メアリーのために「樹上の家」[*41]（一八九八年）を設計した。これらのインテリアは、自然のモチーフと多彩な色使いで、文字通りピクチュアレスクにインテリアと家具とを融合させた最初の試みであり、特に後者の主要居室、サン・ルームでは、木々の枝から垣間見える空と太陽を表わした天井の下

*39 Grand Duke Ernst Ludwig of Hesse. ヘッセ大公は、ベイリー・スコット、アシュビーに対して芸術と工芸の融合を目指した芸術家コロニーの構想を語ったが、その実施（一八九九年–）については、ウィーン分離派の建築家、ヨーゼフ・マリア・オルブリヒ（Joseph Maria Olbrich, 1867–1908）に委ねた。

*40 Drawing and dining rooms, Ducal Palace, Darmstadt, 1897–98.

*41 'Le Nid', 1898.

図73　「芸術愛好家の家」競技設計案、立面、一九〇一年、M・H・ベイリー・スコット設計

図74　「芸術愛好家の家」競技設計案、ホール

で、椅子、窓、タイルに飾られた向日葵が咲き乱れているのである。

一九〇一年ドイツで行なわれた「芸術愛好家の家」競技設計で、ベイリー・スコットの応募案[*42]（図73–74）は一等なしの二等に入賞し、それによりヨーロッパ大陸でのベイリー・スコットの名声は一層高まった。応募案の平面は、プライアーが試みた「バタフライ・プラン」を発展させたもので、平面中央に位置するホールは、ハーフ・ティンバー造という点ではブラックウェルのホールを、多彩な色使いという点ではダルムシュタットの宮殿改装を踏襲している。外観は「擬ダッチ・ゲーブル、フランス–スコットランド風小塔、テューダー様式のハーフ・ティンバーと窓とのロマンチックな混合」[*43]であり、ヴァナキュラー・コテジが元々持っていた素朴さが、「小綺麗な（cozy）」あるいは「魅力的な（charming）」ものにすり替えられていることが読み取れる。この応募案につけられた副題'Dulce Domum'が「夢の家」という意味であること、また着彩された透視図がランドルフ・コルデコット[*44]やケイト・グリーナウェイの絵本に似ていることからすると、こうした小綺麗さが、エドワード朝イギリスの中流階級の夢を誘ったであろうことは、想像するに難くない。

郊外住宅での実現

ホワイト・ロッジ[*45]（一八九八–九九年、図75）は、女子修道院付属の牧師館として建てられたホワイト・コテジである。平面は北廊下型で、それぞれ深いイングルヌックを持つダイニン

*42 'Dulce Domum', Design for the Competition of 'Haus eines Kunstfreundes', 1901.

*43 T.Howarth, *Charles Rennie Mackintosh and the Modern Movement*, London, 1952, p.157.

*44 Randolf Caldecott, 1846–86

*45 White Lodge, Wantage, Berkshire, 1898–99.

図75　ホワイト・ロッジ、ウォンテイジ、バークシャー、一八九八―九九年、M・H・ベイリー・スコット設計

図76　ストーリーズ・ウェイ四八番地、ケンブリッジ、ケンブリッジシャー、一九一二―一三年、M・H・ベイリー・スコット設計

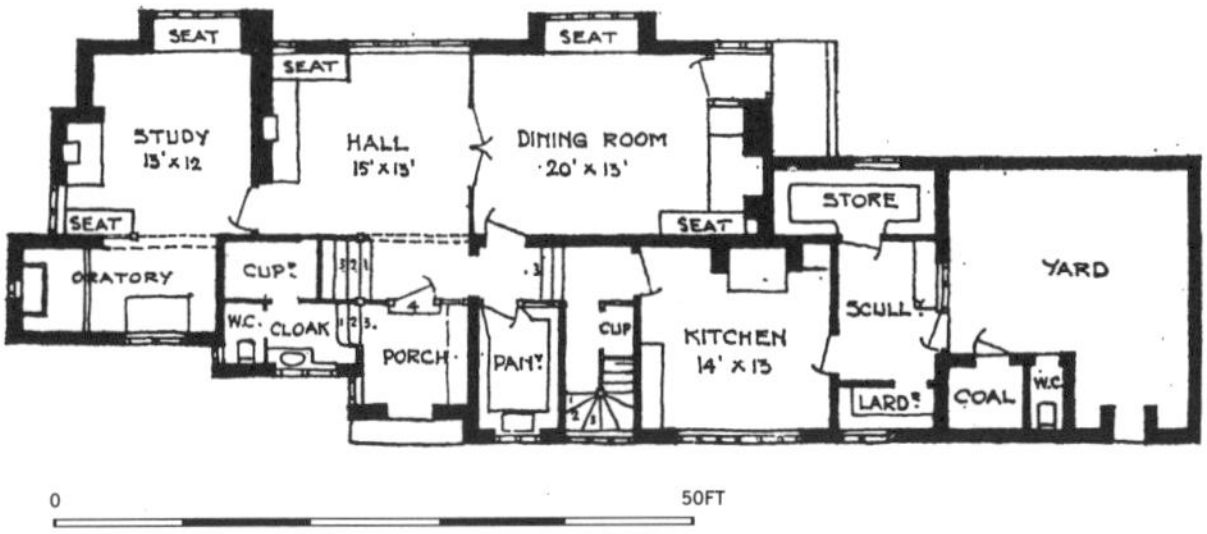

グ・ルーム、ホール、書斎が一列に並べられ、前二者が開き戸で開放されるようになっている。正面を見ると、この主要居室の「横長」マスに対して直角に大小様々なゲーブルが折り重なるようにして付加されており、寄棟屋根の休らうヴォイジーの立面とは対照的である。外壁は白いラフキャストで仕上げられ、伝統的なディテールや装飾のない壁の平坦さが強調されているが、それは、ヴァナキュラーなコテジから不純な要素を「排除」し、単純化したものに過ぎず、これをもって、アドルフ・ロース[*46]のシュタイナー邸[*47]（一九一〇年）の外観と比較するのは、ベイリー・スコットの伝記者の勇み足と言うべきだろう[*48]。

いずれにせよこのオープンな平面、大ゲーブルの立面は、後年の戸建住宅、ケンブリッジ、ストーリーズ・ウェイ四八番地[*48]（一九一二－一三年、図76）でも、多少の変形はあるものの、踏襲されている。

ベイリー・スコットのホールは、前述したようにパーカーとアンウィンの住宅に取り込まれ[*50]、彼らを通して田園都市、田園郊外の住宅に応用されていった。逆に、一九〇一年にベッドフォードに移り住んだベイリー・スコットは、レッチワースにタングルウッド[*51]（一九〇六－〇七年）等の戸建住宅を建て、ハムステッド・ガーデン・サバーブには、変形十字路の交差点を囲む連続住宅[*52]（一九〇八－〇九年、図77）や、独身勤労女性――当時「余分な女性(surplus woman)」と呼ばれた――用のフラッツ、ウォーターロウ・コート[*53]（一九〇八－〇九年、図78－79）を建てた。前者は「バタフライ・プラン」の応用、後者は修道院や学寮の中

*46 Adolf Loos, 1870–1933

*47 Haus Steiner, Wien, 1910.

*48 J.D.Kornwolf, *M.H.Baillie Scott and the Arts and Crafts Movement : Pioneer of Modern Design*, Baltimore, 1972, pp.193-195.

*48 48 Storey's Way, Cambridge, Cambrigeshire,1912-13.

*50 エドガー・ホルトは、まずパーカー&アンウィンに住宅の設計を委託したが、その計画案が気に入らず、ベイリー・スコットに委託し直し、ブラックウェルが建てられた。

*51 Tanglewood, Letchworth, Hertfordshire, 1906–07.

*52 6-10 Meadway and 22 Hampstead Way, Hampstead Garden Suburb, London, 1908–09.

*53 Waterlow Court, Hampstead Garden Suburb, London, 1908–09.

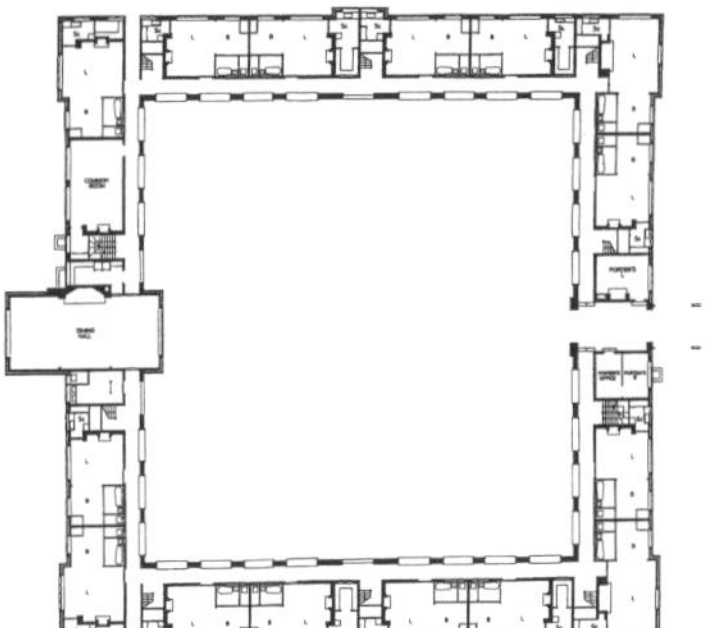

図77　ミードウェイ六一〇番地及びハムステッド・ウェイ二三番地、ハムステッド・ガーデン・サバーブ、ロンドン、一九〇八－〇九年、M・H・ベイリー・スコット設計

図78　ウォーターロウ・コート、ハムステッド・ガーデン・サバーブ、ロンドン、一九〇八－〇九年、M・H・ベイリー・スコット設計

図79　ウォーターロウ・コート、一階平面

庭型平面の応用であるが、後者の中庭には、ラフキャスト仕上げのアーケードが巡らされ、それに沿ってリビング・ルームと寝室とをL字形でオープンに繋げた住戸が並べられている。

このようにして、アーツ・アンド・クラフツのヴァナキュラー・リヴァイヴァルが、毒気の抜かれた小綺麗な「夢の家」と化して、中流階級に受容されていった。その事情を、同時代の歴史家は次のように証言している。「私が、子供だった頃、巨大な屋根を持ち実用的な窓のない童話の家に興奮したものだった。その不思議の国へのドアのアーチは余りに低くて、それを通り抜けるには、普通の人間であればアリスの体が小さくなるケーキの一かけらを食べる必要があり、そのテーブルの脚は床についていると同時に天井にまで伸びていて、壁のパターンには鳥達がやってきて自分達よりも少し小さな木々を見て驚いているという具合だ。しかし、この現象が、絵本から踊り出て現実になった時、私の興奮は嫌悪となってしまったのだ。」[*54]

*54 H.S.Goodhart-Rendel, 'Architectural Memories 1905–1955', *Architectural Association Journal*, Vol.LXXI, 1957, pp.147–148.

五　「より高度なゲーム」

エドウィン・ランシア・ラッチェンス

アーツ・アンド・クラフツ運動が古典様式へと傾斜していくという世紀末イギリス建築にあって、常にその中心に位置していたのが、エドウィン・ランシア・ラッチェンス[*1]であった。ラッチェンスは、その作品の質と量双方において、更には後世のイギリス建築に与えた影響力の大きさにおいても、エドワード朝を代表する大建築家であったにもかかわらず、従来の近代建築史で彼の作品は一顧だにされてこなかった。ペヴスナーにとって、ラッチェンスは「二〇世紀建築の発展の主流に何ら貢献を成し得なかった巨大な才能を持った二〇世紀の建築家」[*2]でしかなく、ヒッチコックですら、たぶんに近代建築運動に乗り遅れたというニュアンスをこめて、ラッチェンスを「最後の伝統主義者」[*3]と呼んだのである。そこからすると、近代建築家がラッチェンスを肯定的にとらえているのは驚きである。「ラッチェンスは、恐らくライトが本当に尊敬していた同世代の建築家であったろう。というのも、彼が生徒と討議する際、常にラッチェンスの作品集四巻に言及したからである。」[*4]またル・コルビュジエはチャンディガールの解説文中に、こう書き添えている。「インド帝国の首都ニューデリーは、三〇年前、ラッチェンスが細心の注意を払い偉大な才能をもって建てたもので、真の成功を収めている。批評家は暴言を吐くかもしれぬが、あのような仕事を成就することは、尊敬に値する。」[*5]こうした賛否全く逆の評価は、一体何に起因するのであろうか。それを求めてラッチェンスの軌跡を辿ってみることにしよう。

*1 Edwin Landseer Lutyens, 1869–1944

*2 N. Pevsner, 'Building with Wit : The Architecture of Edwin Lutyens', *Architectural Review*, Vol.CIX, 1951, p.217.

*3 H. R. Hitchcock, op.cit., p.408.

*4 P. Collins, 'The Form Givers', *Perspecta* 7, The Yale Journal of Architecture, 1961, p.92.

*5 Le Corbusier, Oeuvre Complete 1952–1957, Zurich, 1957, p.92.

ジーキルとマンステッド・ウッド

ラッチェンスは、一八八五年から八七年にかけてロンドン、サウス・ケンジントンにある王立美術学校で建築を学んだ後、ショウ事務所への入所を志望したがかなえられず、テューダー様式のリヴァイヴァルに才を発揮したアーネスト・ジョージ[*6]の事務所に入所、そこに一年余り勤めただけで、一八八九年初めに独立した。同年五月、この弱冠二〇歳で独立したラッチェンスは造園家ガートルード・ジーキル女史[*7]に出会い、それを機に最初の飛躍を遂げることになる。

ジーキルは、絵画・彫刻・彫金・刺繍・写真等あらゆる美術工芸に手を染めた後、造園に転向、エドワード朝を代表する造園家として大成していくのだが、その経歴からも察せられるように、ラスキンと直接面識があり[*8]、材料や構法に対するクラフトマンの「正直さ」という倫理をモリス－ウェッブと共有していた。ジーキルと出会う前のラッチェンスの関心は、ショウのオールド・イングリッシュ様式にあった。彼の故郷サリー州では、ショウがメリスト・ウッド[*9]（一八七五－七七年）やピエルポント[*10]（一八七五－七八年）など、オールド・イングリッシュ様式の代表作を建てており、彼がこれら実作を見て影響を受けたであろうことは容易に推察される。ラッチェンスはジーキルから住宅と庭園とを一つにまとめ上げることを学んだばかりでなく、ジーキルとともにサリーやサセックス地方を巡り、「古い住宅、農家、コテジを探しては、その素朴な構法やそれを支えている技術や生活を論じあった」[*11]ので

*6 Ernest George, 1839–1922

*7 Gertrude Jekyll, 1843–1932

*8 ジーキルがラスキンに住宅についての助言を求めたところ、ラスキンは「よく施工された白壁とタペストリーが、寒い気候での部屋の壁として最適である」と答えたという。B.Massingham, *Miss Jekyll : Portrait of a Great Gardener*, London, 1966, p.68.

*9 Merrist Wood, Worplesdon, Surrey, 1875–77.

*10 Pierrepont, Frensham, Surrey, 1875–78.

*11 Edwin Lutyens, Foreword to Francis Jekyll, *Gertrude Jekyll : A Memoir*, London, 1934.

ある。そうした過程で、ショウのオールド・イングリッシュ様式以外のもう一つのヴァナキュラー・リヴァイヴァルのやり方、即ちモリス－ウェッブの理論とデザインを間接的に学ぶことになったのである。

ラッチェンスがジーキルから学習した成果が、ジーキル自邸、マンステッド・ウッド[*12]（一八九三－九七年、図80）である。ジーキルは自邸を次のように記している。「この住宅は、古き時代の良い仕事に見られる徹底した正直な精神によってデザインされ建てられた。（中略）それは、あらゆる意味において古い建物のコピーではなく、むしろ、この地方独自の古い建物の一般的な特質を具体化したものなのである。」[*13]更に「建築家は、何世紀にもわたってこの地方の建築材料であったここの丘から切り出された石のこの地方独自の使い方や、土着的構法の限界を示すような、手段を目的に合わせてしまう偶発的なやり方を知っていたので、彼が建てるものは地面から自然に生え育ったように見えるのである。」[*14]この住宅設計においてジーキルの影響力がいかに大きいものであったかは、ラッチェンスの初期スケッチと実現された住宅とを比較すれば一目瞭然となろう。初期スケッチでは、ヴォイジーの住宅を思わせるような白いラフキャスト仕上げの壁やレンガの枠を持つ開き窓が、ゲーブル、小塔、ロジア、パーゴラとピクチュアレスクに組み合わされていたのに対し、実現された住宅では、外壁は地元産バーゲート石、屋根も地元産タイルに変えられているばかりか、正面は二連ゲーブルだけでまとめられている。背面は中庭に面して迫り出した

*12 Munstead Wood, Munstead, Surrey, 1893-97.

*13 G. Jekyll, *Home and Garden*, London, 1901, p.2.

*14 Ibid., p.14.

図80　マンステッド・ウッド、マンステッド、サリー、一八九三–九七年、エドウィン・ラッチェンス設計

図81　オーチャード、マンステッド、サリー、一八九七–九九年、エドウィン・ラッチェンス設計

廊下のハーフ・ティンバーでテクスチュアの変化が付けられているが、それは「建物内でのイギリス産オーク材の誠実な使用法を示す良き例」[*15]が外観に表出されたものである。こうしたサリー地方のヴァナキュラーな伝統に基づいた素材やディテールの取り扱いは、次作のオーチャード[*16]（一八九七–九九年、図81）でも繰り返されることになる。この中庭型平面は、恐らくショウのレイズウッドやウェッブのスタンデンの平面に影響されたものであろうし、サーヴィス部のバットレスや中庭正面の軒下に伸びる水平連窓はヴォイジーに由来するものだろう。しかしこの庭園側立面は、ショウのピクチュアレスクな構成とウェッブの材料や構法に対する「正直な」取り扱いが、ラッチェンス自身のものへと成熟しつつあることを示している。また中庭に至るエントランス・ゲートでは、何の機能も持たないドーマー窓が、ただエントランスを指示するためだけに使われており、ラッチェンスの成熟が独特のウィットとして表わされてきているのである。

*15 Ibid., p.10.

*16 Orchard, Munstead, Surrey, 1897–99.

付加的平面のシンメトリー化

ティグボーン・コート[*17]（一八九九–一九〇一年、図82–83）とホームウッド[*18]（一九〇一年、図84–85）は、ともに古典要素を紛れ込ませたヴァナキュラー様式による小住宅である。ティグボーン・コートは、鉄鉱砕石入りモルタル目地で補強されたバーゲート石造で、ローマン・タイルの水平帯、レンガの隅石と窓枠で鮮やかに分節されている。正面中央には、ドリス式ロジ

*17 Tigbourne Court, Witley, Surrey, 1899–1901.

*18 Homewood, Knebworth, Hertfordshire, 1901.

ア上に三連アーチの屋根が架けられ、両ウィングのバロック風に湾曲した妻面からレンガ造、テューダー様式の煙突が立ち上げられている。ホームウッドはレンガ壁、隅石ともに白塗りされた外壁を持ち、正面では、半円アーチと平アーチを組み合わせたエントランス・ポーチ上に黒い羽目板貼りの三連ゲーブルが架けられている。背面に回ると、中央ではイオニア式ジャイアント・ピラスターが深い軒を支え、両側では一階窓上部まで垂れ下がった軒が内側に折り返されてロジアを覆っている。これらの住宅ではウェッブ独特のモチーフであった三連ゲーブルが使われてはいるが、ウェッブの三連ゲーブルがいかにも忙しげに分節されたものであったのに対し、ラッチェンスのそれは、両裾が低く広がり屋根を一つの大きなマスにまとめているという点で異なっている。ラッチェンスは伝統的な材料や構法を取り扱う際の創意工夫をウェッブから学んだが、ウェッブのマス構成やプランニングには批判的ですらあったと言われており[*19]、そのプランニングにおいて、ラッチェンスは真のオリジナリティを発揮していくのである。

ティグボーン・コートはU字型平面、ホームウッドはH字型平面を持つが、部屋構成という点では両者はほぼ同じであると言ってよい。試みにホームウッドの平面を見てみよう。人は、まず正面中央にあるエントランス・ポーチを進んでいくが、サーヴィス用扉でブロックされた後、右手の扉を通って玄関へと入る。そこで正対する壁には二つの扉があって、右手の扉が書斎に、左手の扉がホールに通じている。ホールに入って振り返ると、そ

*19 C. Hussey, *The Life of Sir Edwin Lutyens*, London, 1950, p.26.

図82　ティグボーン・コート、ウィットリー、サリー、一八九九―一九〇一年、エドウィン・ラッチェンス設計

図83　ティグボーン・コート、一階平面

の壁面中央には二階に上る階段があって、左手の扉をとると玄関に戻り、右手の扉をとると背面中央にあるダイニング・ルームに達する。このようにして、それぞれ玄関やホールでは扉がシンメトリカルに配置され、人が一方の扉から入りもう一方の扉から出ていく度に正面側から背面側へと進んでいけるよう構成されているのである。これは、ショウの住宅で見られたような付加的平面を各部屋のシンメトリー、各立面のシンメトリーという枠

図84　ホームウッド、ネブワース、ハートフォードシャー、一九〇一年、エドウィン・ラッチェンス設計

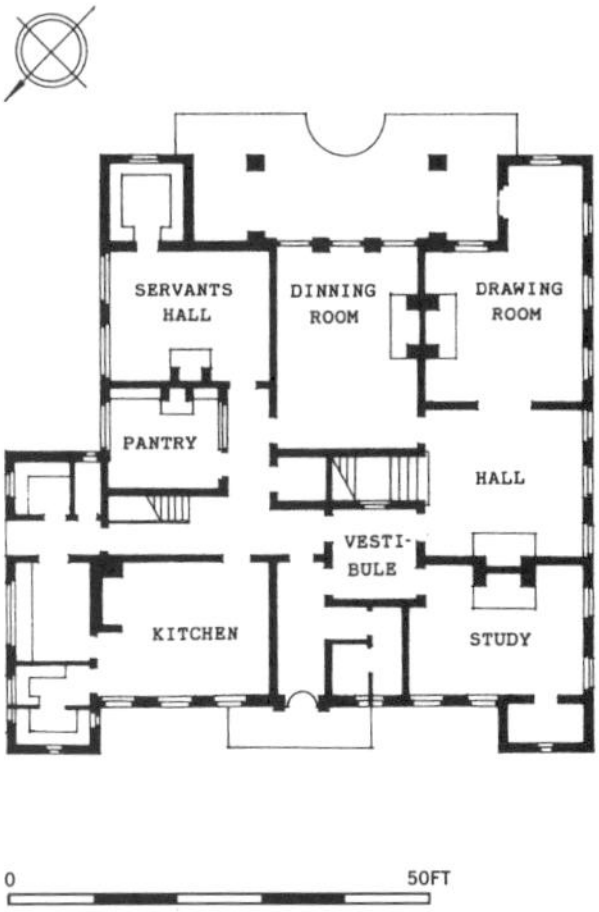

図85　ホームウッド、一階平面

組に押し込めたもの、言い換えると、各部屋をシンメトリカルに構成しつつ、それらをずらしながら繋げていって、各立面がシンメトリカルになるように調整したものと見ることができる。ティグボーン・コートでは正面のみ、ホームウッドでは正面、背面双方がシンメトリカルであるが、後者の正面と背面の中心軸はずれてしまっている。このことは付加的平面をアポステリオリにシンメトリー化したことを物語っているのであって、ウェッブのヴィラ型平面のように、アプリオリに設定した中心軸に沿って平面全体をシンメトリカルに分割したものではないのである。

中庭型からH字型平面へ

ラッチェンスのより規模の大きい住宅平面は、中庭型からU字型を経てH字型へと変化していくが、そこにも付加的平面のシンメトリー化の進行を見ることができる。

一八九七年、エドワード・ハドソンが創刊した雑誌『カントリー・ハウス』は、「ヴィクトリア朝・エドワード朝中流階級の郷紳化マニュアル」として人気を博したが、一八九九年、ハドソンがジーキルを通じてラッチェンスに出会ってから、『カントリー・ハウス』誌はことあるごとにラッチェンスの作品を掲載し、ハドソン自身も何件かの設計をラッチェンスに委託した[*20]。その一件がハドソンの住宅、ディーナリー・ガーデン[*21]（一八九九―一九〇二年、図85―86）であって、レンガ壁にオーク枠の開き窓がとられた外観、ハーフ・ティンバー

*20 ハドソンは、ディーナリー・ガーデンの他、リンディスファーン・カースル(Lindisfarne Castle, Holy Island, Northumberland, 1903)、カントリー・ハウス社(Country Life Building, Covent Garden, London, 1904)、プランプトン・プレイス(Plumpton Place, Plumpton, Sussex, 1927-28)の設計をラッチェンスに委託した。

*21 Deanery Garden, Sonning, Berkshire, 1899-1902.

図86　ディーナリー・ガーデン、ソニング、バークシャー、一八九九―一九〇二年、エドウィン・ラッチェンス設計

図87　ディーナリー・ガーデン、一階平面

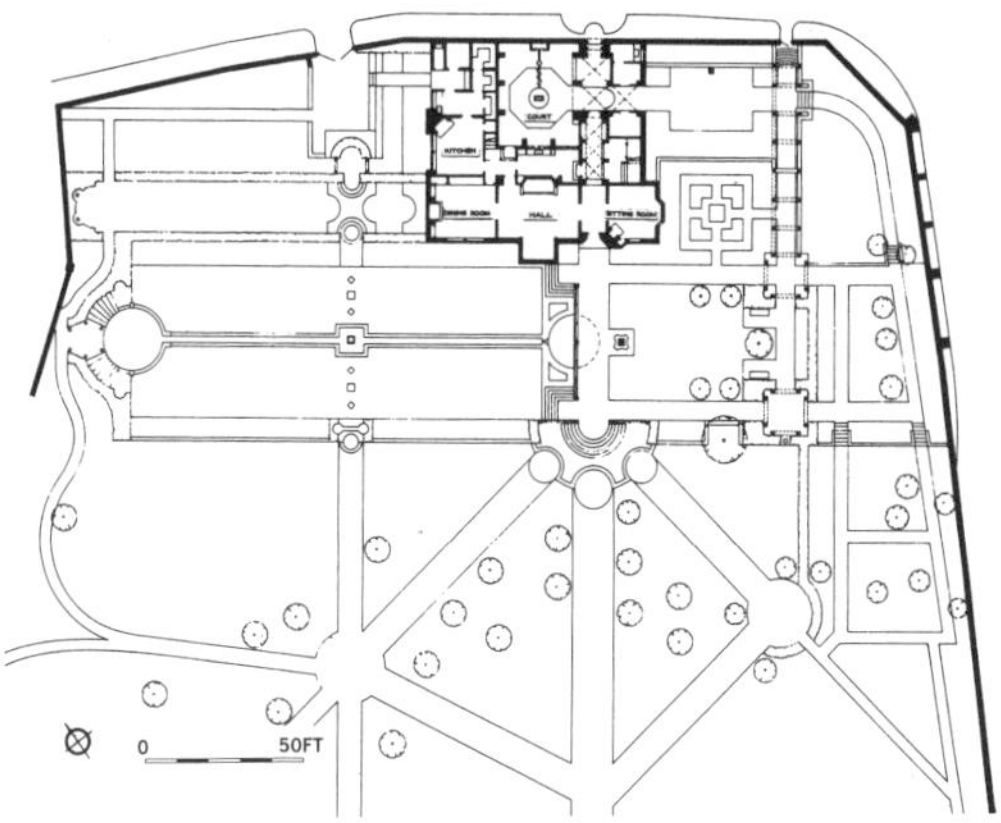

のホール内部は、「二〇世紀において伝統的職人芸で作られた最良の事例」[*22]と評されている。平面を見ると、古いレンガ壁が残された所にU字型平面が接続されて、両者の間に前庭が囲い込まれている。主屋では庭園に面してドローイング・ルーム、ホール、ダイニング・ルームが線状に並べられているが、ホールは全体のU字型平面の中心軸上にあって、その中心軸に沿ってベイウィンドウが庭園に向けて突き出されている。他方、人は古いレンガ壁に開けられたエントランスからU字型平面の一つのウィングを通り、ホールのスクリーン・パセジを抜けて庭園に達するが、このサーキュレーション軸に沿って、庭園が上部テラスとサンクン・ガーデンとに大きく区分され、構成されている。その結果、庭園から住宅を眺めると、住宅全体の中心軸上にあるはずのホールのベイウィンドウが、サンクン・ガーデンの片隅を限定する偶発的な要素として読み取られることになる。

マーシュコート[*23]（一九〇一―〇四年、図88―89）は、地元で採れるチョーク（白亜）を積み上げ、所々にフリントを混ぜ合わせた白壁で建てられている。コルデコットやヴォイジーのホワイト・コテジに対するラッチェンスの憧れ――一八九六年、後にリットン調査団団長となるヴィクター・バルワー・リットン伯爵の姉妹、エミリー・リットンにラッチェンスが婚約の証として送った小箱には、将来の夫婦が住む「小さな白い家」[*24]という計画案が収められていた――が、ここでは材料・構法に対する「正直さ」によって実現されているのである。住宅平面はU字型で、正面側では左右のウィングが掘割と共にフォーマルな前庭を囲ん

*22 H. R. Hitchcock, *Modern Architecture*, New York, 1929, p.87.

*23 Marshcourt, Stockbridge, Hampshire, 1901–04.

*24 Little White House, 1896.

図88　マーシュコート、ストックブリッジ、ハンプシャー、一九〇一-〇四年、エドウィン・ラッチェンス設計

図89　マーシュコート及びリトル・セイカムの平面スケッチ。ラッチェンスからハーバート・ベイカーに宛てた手紙、一九〇三年二月一五日付

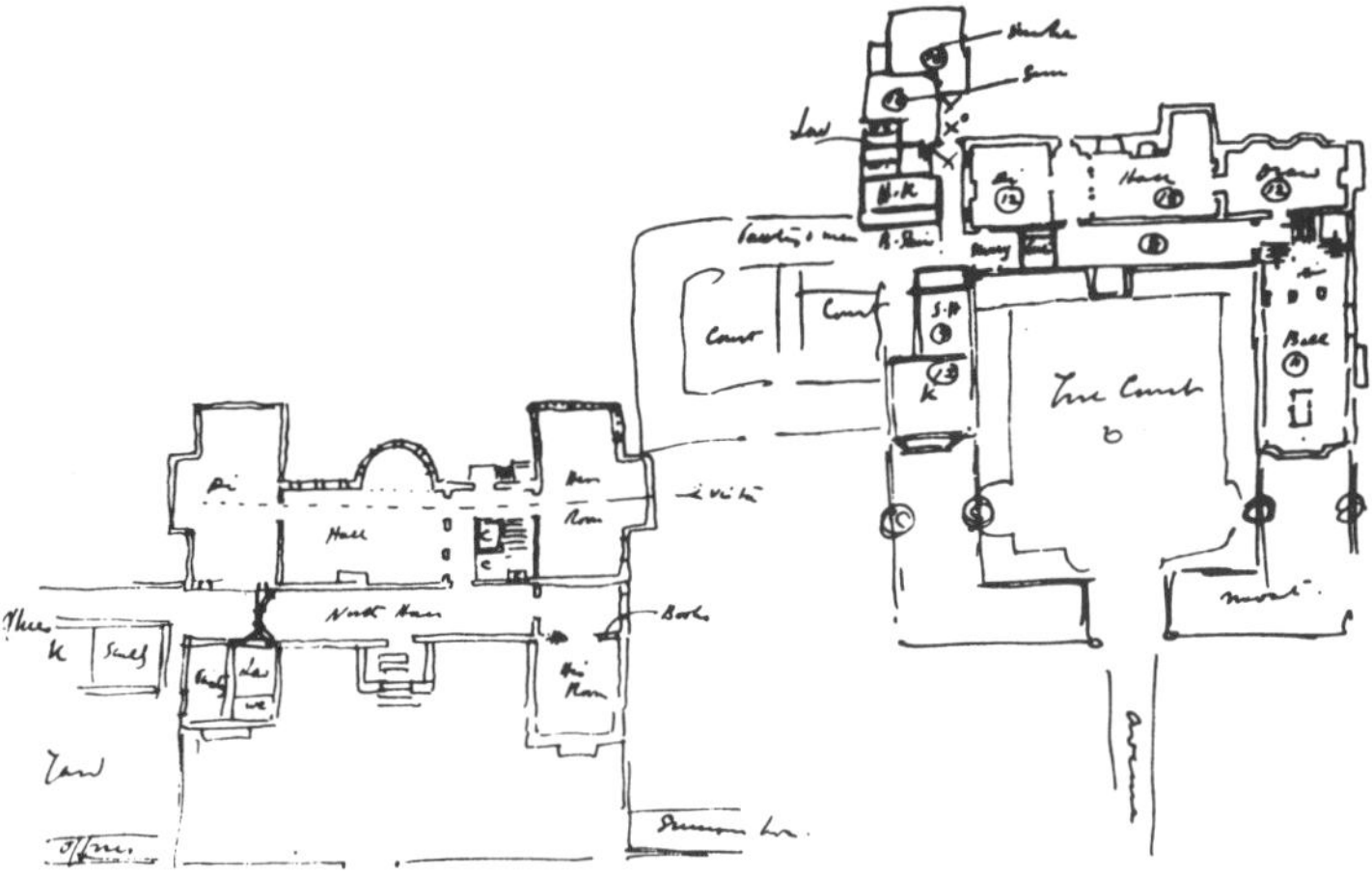

でおり、背面側では庭園に面してドローイング・ルーム、ホール、ダイニング・ルームが線状に並べられている。正面の中心軸は、住宅内部に入ると廊下背面の壁でブロックされているので、人は廊下の片隅からスクリーン・パセジを通ってホールに入ることになる。庭園に出ると、このスクリーンを通るサーキュレーション軸を中心にして上部テラスが配置されており、他方、ドローイング・ルームのベイウィンドウの中心軸に沿ってサンクン・ガーデンが囲われている。その結果、ホールのベイウィンドウはこれら上部テラスとサンクン・ガーデンを区分する節目となっているのである。平面スケッチ（図89右）を見ると、正面と庭園に面する主要居室とが全く別個に構想されていて、そのギャップが廊下で調節されていると読み取ることができる。逆に言うと、この正面は、前庭を囲いこむ壁として住宅正面に貼り付けられたスクリーンに過ぎず、内部の部屋構成とは無関係であるとも言える。このことは、グレイ・ウォールズ[*25]（一九〇〇年）の前庭を囲う正面と住宅本体とが完全に分離されていることに、端的に示されている。

リトル・セイカム[*26]（一九〇二年、図89–92）でも、一見するとH字型の平面全体が中心軸に沿って分節されているように見えるが、平面スケッチ（図89左）を見ると、正面側のU字と庭園側のU字を合わせてH字を作っていることがわかる。マーシュコートでは、庭園に面する主要居室―ドローイング・ルーム、ホール、ダイニング・ルームが、それぞれ部屋の中心軸で一直線に結ばれていたのが、ここではドローイング・ルームとダイニング・ルーム

*25 Grey Walls, Gullane, East Lothian, 1900.

*26 Little Thakeham, Thakeham, Sussex, 1902.

図90　リトル・セイカム、セイカム、サセックス、一九〇二年、エドウィン・ラッチェンス設計
図91　リトル・セイカム、ホール

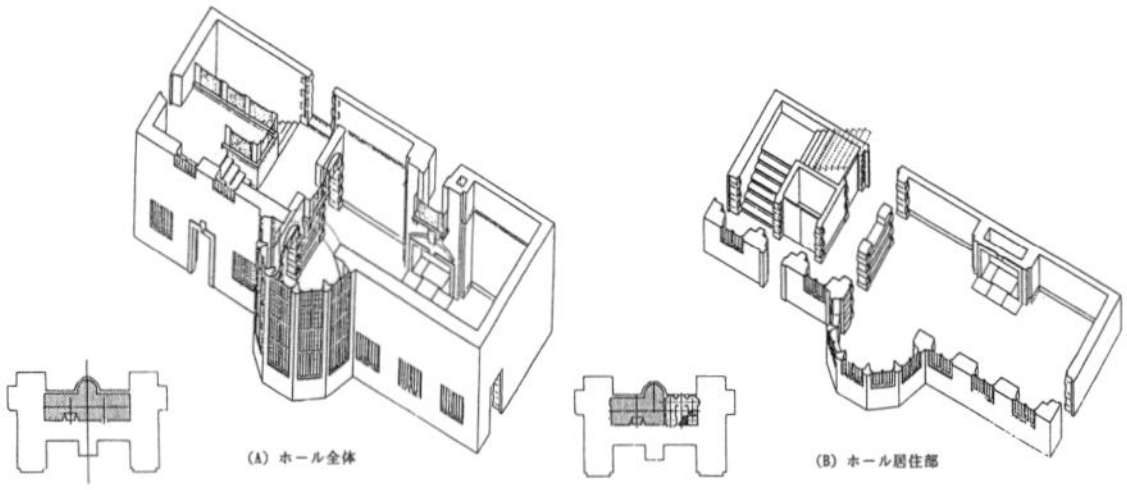

図92　リトル・セイカム、ホール分析図

*27 イングリッシュ・バロックの建築家、ジェイムズ・ギブズ(James Gibbs, 1682-1754)著『建築書』(*Book of Architecture*, 1728)に掲載されたルスチカ付きの石造枠。

を縦置にして庭園側に張り出しているために、それぞれの部屋の中心軸で三者を結ぶことはできない。この問題に対して、ラッチェンスはホールのスクリーンに開口部を二つとり、その庭園側一方をそれぞれドローイング・ルーム、ダイニング・ルームの中心軸に合わせて、そこに通路をとることで解決している。ホール（図91）は二層吹抜けで、スクリーン背後にとられた階段を上った踊場からホールを見下ろすことができる。階段を含めたホール全体（図92A）を取ると、その中心にベイウィンドウが位置し、ベイウィンドウを中心にして踊場から二階廊下に至る開口と暖炉上部のバルコニーの開口とがバランスしている。それに対して階段を除いた居住部（図92B）だけを取ってみると、その中心は暖炉と上部のバルコニーで示され、ベイウィンドウは隅から突き出されたコーナーに過ぎない。H字型平面の中心に配されたホールはシンメトリカルにならざるを得ないが、そこに伝統的なL字型平面も内包させている。そこにラッチェンスのプランニングの巧さを見るべきだろう。

リトル・セイカムの外観は、テューダー様式のマナー・ハウスを模したものであるが、そのインテリア、特にホールのスクリーンには、ギブズ風枠[*27]というバロック様式の要素が持ち込まれている。結果として、この住宅が元々テューダー朝に建てられ、スチュアート朝末期に改築されたかのように受け取られることになる。住宅の「歴史」は家系の「歴史」を物語るが、ここではそれを捏造するために、様式が故意に折衷されているのである。

ジーキルとラッチェンスの庭園

盛期ヴィクトリア朝では、珍種・奇種の植物収集が盛んになり、大規模な温室が建設されるとともに、植物の「絨毯植え」[*28]を可能にするようなイタリア風テラス・ガーデンが復興された。こうした種別の「絨毯植え」は、機能を細分化した上で、一つの機能に一つの部屋、一つの屋根が対応するよう大邸宅が設計されたことと軌を一にしている。ところが「住宅復興」では、盛期ヴィクトリア朝大邸宅での機能の細分化に反対し、テューダー朝以来のコテジやマナー・ハウスを手掛かりにしながら、住宅平面をコンパクトに再統合しようとしたのであって、そこでコテジやマナー・ハウスの庭園が参照されるのは当然の成行きであった。造園家ウィリアム・ロビンソン[*29]は、「絨毯植え」を排して、イギリスに古くから伝わる草花を再発見し、それを自然の野にあるように混ぜ合わせて植える「野生の庭」[*30]を提唱した。これに対して、建築家レジナルド・セオドア・ブロムフィールド[*31]は『イギリスのフォーマル・ガーデン』（一八九二年）[*32]を著わし、「ガーデンという言葉自体が、囲われた空間、壁によって囲われたヤードを意味し、囲いのない野原や林とは相対立している」[*33]という立場からロビンソンを非難した。両者は激しい論争を繰り広げたが、実際のところ、両者ともテューダー朝からジェイムズ朝にかけての庭園をモデルとしていたという点では変わりがなく、ロビンソンは、それが時代を経て、野生の草花が入り乱れて咲き、住宅の壁に蔦が這っている様に着目したのに対し、ブロムフィールドは、それが当初、

*28 carpet bedding

*29 William Robinson, 1839–1935

*30 W. Robinson, *The Wild Garden*, London, 1870.

*31 Reginald Theodore Blomfield, 1856–1942

*32 R.Blomfield, *The English Formal Garden*, London, 1892.

*33 Ibid., p.19.

壁で囲われた小庭園群として作られた様に着目したに過ぎなかった。そして両者が、ジーキルとラッチェンスの協同によって再統合されたのである。

ジーキルは、ロビンソンに倣って草花を「混合植え」[*34]し、そこに丁度一幅の絵のような色彩の調和を実現しようとした。マンステッド・ウッド（図93）の草花の縁取りでは、「花はかなり大きな色のマスに保たれ」[*35]、両端部にグレーの葉を持つ青、白、淡い黄色の花々が、その内側に濃いグレーの葉を持つ紫、白、ピンクの花々が配され、中央部がオレンジと赤の花々で盛り上げられて、全体がまとめられている。また林の中の散策路端にジキタリスやラッパ水仙という「花の挿話」[*36]が添えられている。こうした色使いは、ラファエル前派や印象派の絵画を想起させよう。またジーキルの植栽のもう一つの特徴、「壁面植え」[*37]は、テラスの擁壁や階段の蹴上の隙間にしだれかかる植物を植え込む方法で、それによりテラスや階段の輪郭をぼやかし、その幾何学形の生硬さを和らげようとしたのである。

他方、ラッチェンスは「庭園計画はバックボーンを、美しく表現される中心概念を持つべきである。（中略）全ての壁、道、石、花壇はこの中心概念に関わった相対的価値を有している」[*38]という考え方から、中心概念たる住宅にあらゆる庭園要素を関係付けようとした。即ち、壁や生垣で囲われた小庭園という「外部の部屋」を作って、それらを相互に連結するとともに、住宅の立面全体、入口・出窓といった要素に対応させた。そこで、丁度

*34 mixed planting

*35 G. Jekyll, *Wood and Garden*, London, 1899, p.109

*36 'flowery incidents' Jane Brown, *Gardens of a Golden Afternoon*, London, 1982, p.51.

*37 dry-wall planting

*38 Lutyens' letter to Emily Lutyens, April 8, 1908.

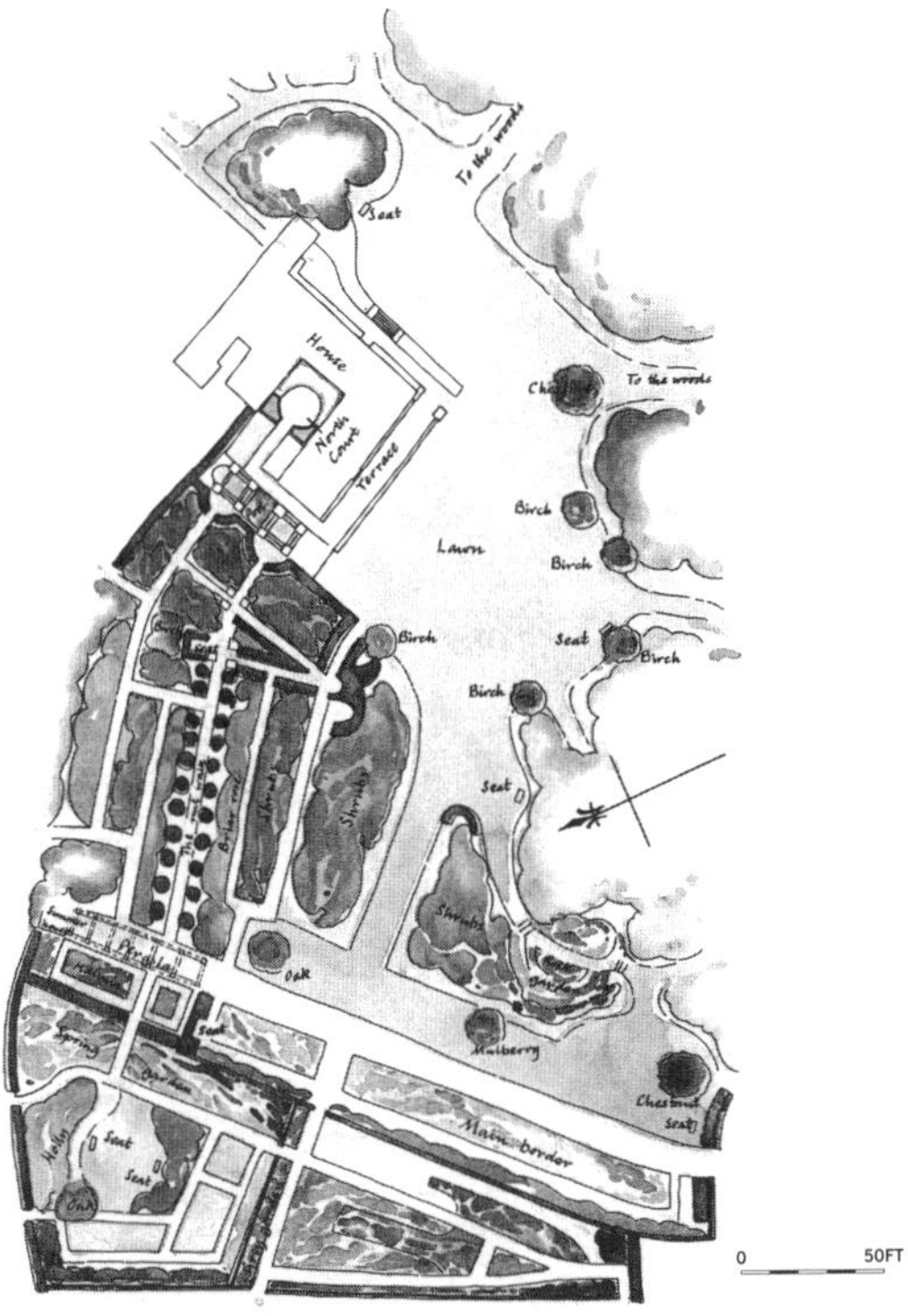

図93　マンステッド・ウッドの庭園、マンステッド、サリー、一八八三年、ガートルード・ジーキル設計
図94　ヘスタークムの庭園、キングストン、サマセット、一九〇六年、ガートルード・ジーキル及びエドウィン・ラッチェンス設計

住宅内部の部屋構成に見られたように、アポステリオリの調整として軸線を巧みに操作した。そうしてパッチワークのように編み込まれた幾何学デザインをジーキルの植栽が和らげたのである。代表例はディーナリー・ガーデン、マーシュコート、リトル・セイカムなどの庭園であるが、ここでは重複を避けて、既存住宅に庭園を付加した事例、ヘスタークム[*39]（一九〇六年、図94）だけを引いておこう。

古典主義への傾斜

再度住宅に眼を向けよう。リトル・セイカムに続くヒースコート[*40]（一九〇五–〇七年、図95）は、内外共に完全に古典様式で統一された住宅である。タイル葺寄棟屋根は、中心から周縁に向かってピラミッド状に分節されており、外壁隅を固めるドリス式付柱は、柱身部分がルスチカに埋めこまれたいわゆる「消える付柱」となっている。これは、元々ヴィニョーラ[*41]が考案し、イングリッシュ・バロックの建築家も用いたモチーフで、これ以降ラッチェンス愛用のものとなる。更にこの付柱が支えるエンタブラチュア下端と窓上端とが、キーストーンの積み重ねで結合されているが、これは、ヴェネチア・ルネサンスの建築家サンミケーリ[*42]に由来している[*43]。このような古典様式のディテールの引用は、ラッチェンスの堕落と評されてきたが[*44]、ラッチェンスにとっては、使う要素がヴァナキュラー様式から古典様式に変わっただけで、同じ折衷には変わりがないのである。そのことは、ヒースコー

*39 Hestercombe, Kingston, Somerset, 1906.

*40 Heathcote, Ilkley, Yorkshire, 1905–07.

*41 Giacomo Barozzi da Vignola, 1507–73

*42 Michele Sanmicheli, c.1484–1559

*43 ラッチェンスはこの住宅を「私のサンミケーリ」と呼び、次のように言う。「ここでは、建物の高さを得るために部屋の高さよりも大きなスケールが必要となって、無意識のうちにサンミケーリのモチーフが繰り返されることになった。時代を経たドリス式オーダー——この愛すべきものよ——私は生意気にもそれを採ってきた。が、それをコピーすることはできない。正しくあろうとすれば、採ってきたものをデザインする必要がある。」Lutyens' letter to Herbert Baker, Jan. 29, 1911.

＊44　N・ペヴスナーは、ヒースコートが建設された一九〇六年が「運命の年」であったという見解をとっている。N. Pevsner, *Buildings of England : Yorkshire, The West Riding*, Harmondsworth, 1967, p.66. 参照。またヴォイジーはラッチェンスの初期住宅を高く評価していたが、「ショウの時代のすぐ後に、ジョージアン・タイプの古典様式が流行し、それがあの偉大なラッチェンスをも堕落させたのだ」と言う。C. F. A. Voysey, '1874 and After,' *Architectural Review*, Sep. 1931, p.91.

図95　ヒースコート、イルクリー、ヨークシャー、一九〇五–〇七年、エドウィン・ラッチェンス設計

図96　エドナストン・マナー、ブレイルズフォード、ダービーシャー、一九一二–一四年、エドウィン・ラッチェンス設計

トの平面がリトル・セイカムのそれとほとんど変わっていないことからもうかがえよう。同じ折衷であるのならば、古典様式はオーダーの体系によって要素が緊密に関係付けられているだけに、ヴァナキュラー様式よりも複雑で高度な操作が必要とされる。ラッチェンスが古典様式を「より高度なゲーム」[*45]と呼ぶのはそれゆえである。彼は言う。「建築において、パラディオはゲームである！ それは余りにも偉大で、その価値を知り実験するには訓練が必要である。並の人間にとってはそれは枯れた骨にしか過ぎないが、レンのような人間の手にかかると、それは光り輝き、堅い材料が可塑的な粘土のようになるのだ。」[*46]

ヒースコートは、まさしく粘土のような可塑性を持ち、イタリア・マニエリスム建築を直接参照している点で特異である。より穏かなネオ・ジョージアン様式――それをラッチェンスは彼独特の洒落で「レネサンス」[*47]様式と呼んだ――は、ザ・サルテーション[*48]（一九一二年）やエドナストン・マナー[*49]（一九一二-一四年、図96）に見られる。古典様式の採用により、平面全体はよりシンメトリー化されるが、ザ・サルテーションの平面は、ホームウッドの平面を単純な矩形に封じ込めたものと見做し得る。またエドナストン・マナーの平面は、エントランスがH字の中央部ではなく側部にとられたものであるが、その主要居室を見ると、それぞれの部屋で扉がシンメトリカルに配置され、その一方の扉から入り他方の扉から出ていくことで、玄関からホールへ、ホールからドローイング・ルーム、ダイニング・ルー

*45 Lutyens' letter to Lady Emily, Jan. 25, 1908.

*46 Lutyens' letter to Herbert Baker, Feb. 15, 1903.

*47 'Wrenaissance'=Wren-Renaissance

*48 The Salutation, Sandwich, Kent, 1911.

*49 Ednaston Manor, Brailsford, Derbyshire, 1912-14.

ムに進んで行けるよう構成されているのである。

大規模建築への展開

こうしたラッチェンスの古典主義への傾斜は、住宅以外の大規模建築の設計を得るための布石だったと言えなくもない。彼は、「レネサンス」様式でカントリー・ライフ社ビル[*50]（一九〇四年、図97）やミッドランド銀行ピカデリー支店[*51]（一九二一―二五年）を設計した。更にミッドランド銀行本店[*52]（一九二四―三九年、図98）では、古典要素とプロポーションの操作の洗練を

*50 Country Life Building, Covent Garden, London, 1904.
*51 Midland Bank, Piccadilly, London, 1921-25.
*52 Midland Bank Head Office, Poultry, London, 1924-39.

図97　カントリー・ライフ社、ロンドン、一九〇四年、エドウィン・ラッチェンス設計

図98　ミッドランド銀行本店、ロンドン、一九二四―三九年、エドウィン・ラッチェンス設計

見ることができる。この古典要素を用いたプロポーションの操作こそ、第一次大戦のソンム河戦没者記念碑[*53]（一九二七–三二年）の眼目であろう。そこでは、凱旋門モチーフが平面の縦横両方向で使われ、それらが同一のプロポーションを保ちながら三次元的に展開されているのである。そしてこの三次元の凱旋門モチーフは、未完の大作、リヴァプール・カトリック大聖堂[*54]（一九二九–五八年）で更に大規模に展開されていったのである。

ラッチェンスは、ジョン・ナッシュ[*55]からショウへと継承されてきたピクチュアレスクの伝統に則った折衷主義者である。ショウは、常に新しさを求めるパイオニアとして折衷主義への懐疑を抱いていたが、遅れてきたラッチェンスにとって、折衷とは自明の設計方法であった。彼は知的な操作である折衷を「ゲーム」として是認した。だからこそ、中世の城郭を模したカントリー・ハウス、カースル・ドローゴ[*56]（一九一〇–三〇年、図99）と時を同じくして、インド建築のモチーフを使ったインド総督府[*57]（一九一二–三一年、図100）を設計することができたのである。逆に、カースル・ドローゴやインド総督府のサーキュレーション空間には、凡百の折衷主義を越え出た息を飲むようなシークエンスが生み出されていることも忘れてはいけない。ラッチェンスにとっての折衷とは、このような「道行」空間のシークエンスを生み出すための手段に過ぎなかったのである。

ラッチェンスは、モリス–ウェッブのような社会と建築の正義を求める求道者ではなく、現実主義者であった。彼は「偉大なパトロンがいなければ、偉大な建築家も偉大な建築も

*53 Memorial to the Missing of the Somme, Thiepval, France, 1927–32.

*54 The Metropolitan Cathedral of Christ the King, Liverpool, 1929–58.

*55 John Nash, 1752–1835

*56 Castle Drogo, Drewsteignton, Devon, 1910–30.

*57 Viceroy's House, New Dehli, India, 1912–31.

図99　カースル・ドローゴ、ドリュースタイントン、デヴォン、一九一〇-三〇年、エドウィン・ラッチェンス設計
図100　インド総督府、ニューデリー、インド、一九一二-三一年、エドウィン・ラッチェンス設計

ありはしないだろう」[*58]という信念をもって、エドワード朝中流階級の「趣味（taste）」の変化に応じて自らの作風を変えていき、エドワード朝イギリスが帝国主義化してゆく中で、その最後の記念碑たるニューデリーを建設し得たのであった。その意味において、ラッチェンスを大英帝国の終幕を飾るにふさわしい偉大な伝統主義者と呼ぶことができよう。

*58 E. Lutyens, *Country Life*, May 8, 1915, p.618.

六　スコティッシュ・バロニアル・リヴァイヴァルと世紀末グラスゴーの建築

チャールズ・レニー・マッキントッシュ

チャールズ・レニー・マッキントッシュ[*1]は、「ヨーロッパ（近代）建築に対するイギリス最後の功労者」[*2]、「アール・ヌーヴォーの弁護と反アール・ヌーヴォーの告発の生証人」[*3]と評されてきたが、彼の建築は、世紀末グラスゴーを席巻したスコティッシュ・バロニアル・リヴァイヴァル[*4]の最後を飾る最も個性的な創造であったと見るべきではないか。

マッキントッシュは、一八八四年から八九年まで、昼間は地元グラスゴーのジョン・ハッチソン事務所で働き、夜間はグラスゴー美術学校で絵画を学んだ。九〇年にはハニーマン&ケピー[*5]事務所に移るとともに、アレクサンダー・トムソン[*6]旅行奨学金を獲得、翌年イタリア旅行に旅立ったのだが、その直前に行なった講演は「スコティッシュ・バロニアル建築」と題されたものであった。「それは、ちょうど我々がスコットランド人であるのと同様に、我祖国の建築であり、我々の野の花、部族の名前、習慣あるいは法律がそうであるように、我国固有のものなのである。」[*7]「近年建てられたいくつかの建築からはっきりと言えることは、この様式が確実に復興されつつあるということである。こうした揺籃期にあっては、今日の必要性に応えることなく、ただ昔の手本を丸写しにしているような、見極めもつかず共感も覚えない連中によって、それが潰されることのないよう、私はただ祈るばかりである。」[*8]スコティッシュ・バロニアル・リヴァイヴァルからマッキントッシュを眺め直すこと。それは、マッキントッシュを孤高の近代建築のパイオ

*1 Charles Rennie Mackintosh, 1868–1928

*2 N. Pevsner, *Pioneers of the Modern Movement*, p.165.

*3 N. Pevsner, *The Sources of Modern Architecture and Design*, p.144.

*4 Scottish Baronial Revival

*5 Honeyman & Keppie
John Honeyman, 1831–1914 and John Keppie, 1862–1945

*6 Alexander Thomson, 1817–75

*7 C. R. Mackintosh, 'Scottish Baronial Architecture', 1891. 引用は C. R. Mackintosh, P. Robertson ed., *The Architectural Papers*, Glasgow, 1990, p.31.

*8 Ibid., p.63.

図101　マチョールズ・カースル、グランピアン地方、一六〇七－二七年

ニアという伝説から救い出し、世紀末グラスゴー建築に位置付けることであり、逆に言うと、その伝説の影に隠されてしまった世紀末グラスゴー建築の広がりを見渡すことなのである。

スコティッシュ・バロニアル様式とその復興

モリスによる中世工芸とそれを可能にした中世社会の評価が、中世以来民衆が住み、暮らしてきた匿名のヴァナキュラー建築の再発見に至ったことは、前述した通りである。そのヴァナキュラー建築の単純素朴な美しさが、地方の材料・構法、地方の風土・気候・生活習慣に根ざしたものであるならば、地方毎にそれぞれ異なる建築伝統を復興せねばならない。スコットランドにはイングランドとは違った建築伝統があるではないか。そうして再発見されたのが、スコティッシュ・バロニアル様式であった。

それは、中世の城郭を起源とし、一六世紀から一七世紀初頭にかけて確立された住宅様式である（図101）。平面は単純なL字型もしくはZ字型をなし、隅部に櫓が立ち上がって、マッシヴな煙突と共に不規則で複雑な外観を作り出している。石造の壁には強い風雨に耐えうるべくラフキャスト仕上げが施されており、小さく少ない窓が不規則に配されることで、逆にラフキャスト仕上げの壁の連続が強調されている。急勾配の屋根には垂直に切り立ったゲーブルがあるが、それは応々にして階段状ゲーブルとなる。またドーマー窓が屋根を断ち切る場合でも、軒下に樋だけが巡らされ、軒の水平線が保たれている。

このようなスコティッシュ・バロニアル様式は、一八三〇年代にウィリアム・バーン[*9]によって復興され、更に五〇年代になってデイヴィド・ブライス[*10]らによって広められた。それと並行して、丁度イングランドでテューダー朝・ジェイムズ朝様式の研究が進められたように、スコティッシュ・バロニアル様式の採集と研究も行なわれるようになった[*11]。バーンやブライスはこの様式を用いてトーリー貴族や新興工業成金の大邸宅を建てたが、それらはともすればピクチュアレスクな奇想を強調したものになりがちであった。これが真にモリスーウェッブのヴァナキュラー・リヴァイヴァルとなるには、ロワード・アンダーソン[*12]を待つ必要があった。このアンダーソンによって、クラフトマンシップと古い構法が掘り起こされるのだが、彼の作品はその教義に忠実であろうとし、かえってディテールは正確だが面白くないものになる嫌いがあった。より自由で大胆なスコティッシュ・バロニアル様式の解釈と実践は、ジェイムズ・マクラーレン[*13]によって試みられ、それがマッキントッシュに直接的な影響を与えることになる。

マクラーレンは、グラスゴーからロンドンに上り、クィーン・アン様式の建築家、ジョン・ジェイムズ・スティーブンソン[*14]や耽美主義の建築家、エドワード・ゴドウィン[*15]に師事した後に独立した。早逝したため作品をあまり多く残しはしなかったが、彼の作品が九〇年代スコットランド建築界に及ぼした影響は相当なものであったと言われている。彼は

*9 William Burn, 1789–1870
*10 David Bryce, 1803–76
*11 R. Billings, *Baronial and Ecclesiastical Antiquities*, 1845–52.
*12 Roward Anderson, 1834–1921
*13 James MacLaren, 1843–90
*14 John James Stevenson, 1831–1908
*15 Edward Godwin, 1833–86

図102　スターリング・ハイスクール、スターリング、一八八七―八八年、ジェイムズ・マクラーレン設計

図103　パレス・コート一〇・一二番地、ベイズウォーター、ロンドン、一八八九―九〇年、ジェイムズ・マクラーレン設計

図104　グレンライオン・ハウス農場の農家、フォーテンガル、パースシャー、一八八九年、ジェイムズ・マクラーレン設計

スコティッシュ・バロニアル様式の建築要素を用いながらも、それらをゴドウィンの耽美主義に則って自由に変形した[16]。スターリング・ハイスクール[17]（一八八七―八八年、図102）の天文台を収めた塔は、バトルメント付きの櫓というスコティッシュ・バロニアル様式の要素に、アメリカの建築家ヘンリー・ホブソン・リチャードソン[18]の影響が加わって、丸みを帯びた有機的なマスとして立ち上がり、他の要素と切れ目なくつながっている。ドナルド・カーリー所有のグレンライオン・ハウス農場に建てられた農家[19]（一八八九年、図104）では、低く垂れ下がった屋根にヴォイジーの影響が見られるものの[20]、ラフキャストの壁、城郭風パラペット、階段状ゲーブルなどスコティッシュ・バロニアル様式の要素が使われており、それらが極端に引きのばされた幾何学形態にまとめられている。同じ施主のロンドン、パレス・コート一〇・一二番地[21]（一八八九―九〇年、図103）は、石の水平帯が回されたレンガ造の住宅で、クィーン・アン様式に分類されるべきものであろうが、ここでも、左右のベイウィンドウの一方が塔として立ち上げられており、そのバトルメント状の頂部により軒が分断され、またその下部と中央のリチャードソン風半円アーチとがバルコニーの床と手摺で結ばれているのである。

マッキントッシュの住宅

さて、このようなスコティッシュ・バロニアル・リヴァイヴァルを念頭において、マッキ

*16 ゴドウィンのマクラーレンへの影響については、A. Service, 'James MacLaren and the Godwin Legacy', A. Service ed., *Edwardian Architecture and Its Origins*, London, 1975, pp.100-118.参照。
*17 Stirling High School, Stirling, 1887-88.
*18 Henry Hobson Richardson, 1838-86
*19 Farmer's House, Glenlyon House estate, Fortingall, Perthshire, 1889.
*20 A. Service, op.cit., p.110.
*21 10 and 12 Palace Court, Bayswater, London, 1889-90.

図105　ウィンディヒル、キルマコルム、レンフリューシャー、一八九九―一九〇一年、チャールズ・レニー・マッキントッシュ設計

図106　ウィンディヒル、一階平面

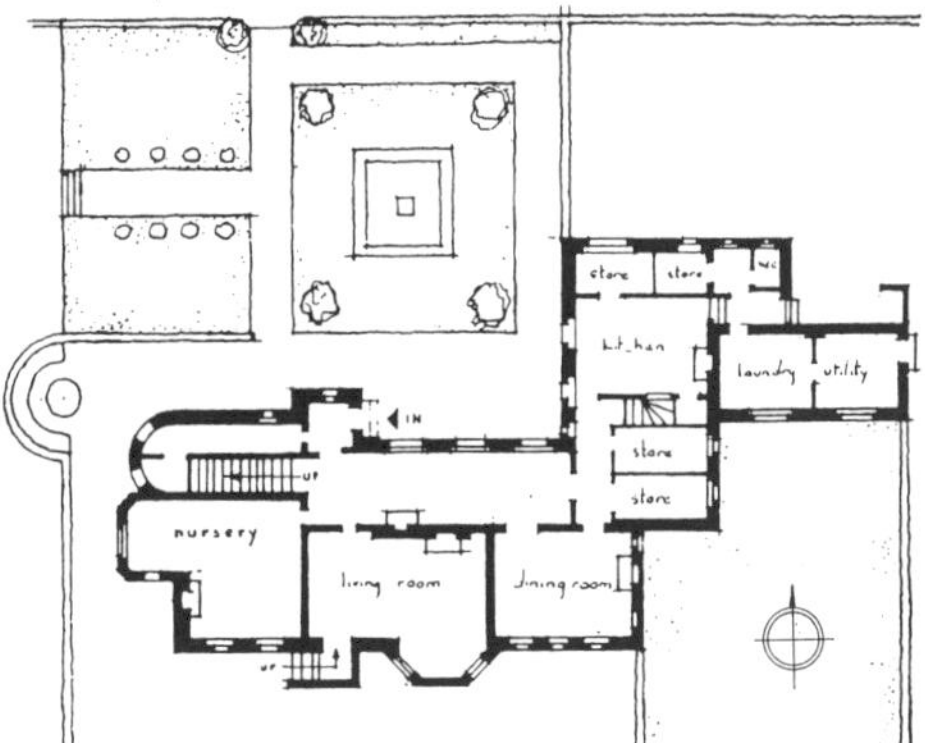

ントッシュの住宅を見直してみよう。

ウィンディヒル[22]（一八九九−一九〇一年、図105−106）のL字型平面は、スコティッシュ・バロニアル様式の原型に基づいているというよりも、むしろ北廊下型平面の主屋にサーヴィス部が付加されたものと見るべきで、とりわけレサビー設計ザ・ハーストの平面が参照されていることが指摘されている[23]。しかしながら、ザ・ハーストは主屋に対して平入りで、正面がヴェネチアン・ウィンドウで強調されていたのに対し、ここでは平側に突き出されたマスの横にエントランスがとられ、それに続く階段室の円筒状マスが妻面から突き出されているという違いがある。ラフキャストの外壁、マッシヴで装飾のない煙突は、ヴォイジーの影響があるとは言え、スコティッシュ・バロニアル様式の要素であるし、窓の不規則な配置、円筒状の階段室、垂直に切り立ったゲーブルも同様である。片方だけが低く垂れ下がったゲーブルがマクラーレンの農家のそれに似ていることからすると[24]、ここでは、ヴォイジーやマクラーレンに倣い、伝統的要素を自在に変形していることが読み取れよう。

ベイリー・スコットが事実上の勝利を収めた「芸術愛好家の家」競技設計（一九〇一年）で、マッキントッシュの応募案[25]（図107）は特別賞に選ばれたが、それについてムテジウスは次のように記している。「この建物の外壁は、（中略）既知の何物にも似ていない全くオリジナルな性格を表わしている。ここには建築の慣習的な形態の足跡は見られず、それに対しては、

*22 Windy Hill, Kilmacolm, Renfrewshire, 1899–1901.

*23 R. Macleod, *Charles Rennie Mackintosh : Architect and Artist*, London, revised edition, 1983, p.82.

*24 D. Walker, 'Charles Rennie Mackintosh', *Architectural Review*, Nov. 1968, p.362.

*25 Haus eines Kunstfreundes, 1901.

この作者は全く無関心でいる。」[*26]こうした偏った見方が、ヨーロッパ大陸、特にウィーン・ゼツェッションの建築家に影響を与え、更には近代建築史上のマッキントッシュの位置を定めることになるのだが、彼が慣習的なスコティッシュ・バロニアル様式の要素を手掛りにしていることは、応募案の透視図を見ると明らかである。南西からの透視図では妻面が一番手前に強調して描かれているが、そこではゲーブルの傍らに立つアンシンメトリカルな二本の塔がボウ・ウィンドウによって繋がれている。北西からの透視図でも、二本の塔が曲線状にくぼんだ壁によって繋がれ、その横手からバットレスで支えられたボウ・ウィ

*26 H. Muthesius, Preface of A. Koch ed., *Meist erder Innenkunst*, Darmstadt, 1902.

図107　「芸術愛好家の家」競技設計案、北西から見た透視図、一九〇一年、チャールズ・レニー・マッキントッシュ設計

図108　ヒル・ハウス、西正面、ヘレンズバラ、ダンバートンシャー、一九〇二–〇四年、チャールズ・レニー・マッキントッシュ設計

図109　ヒル・ハウス、南立面

図110　ヒル・ハウス、一階平面

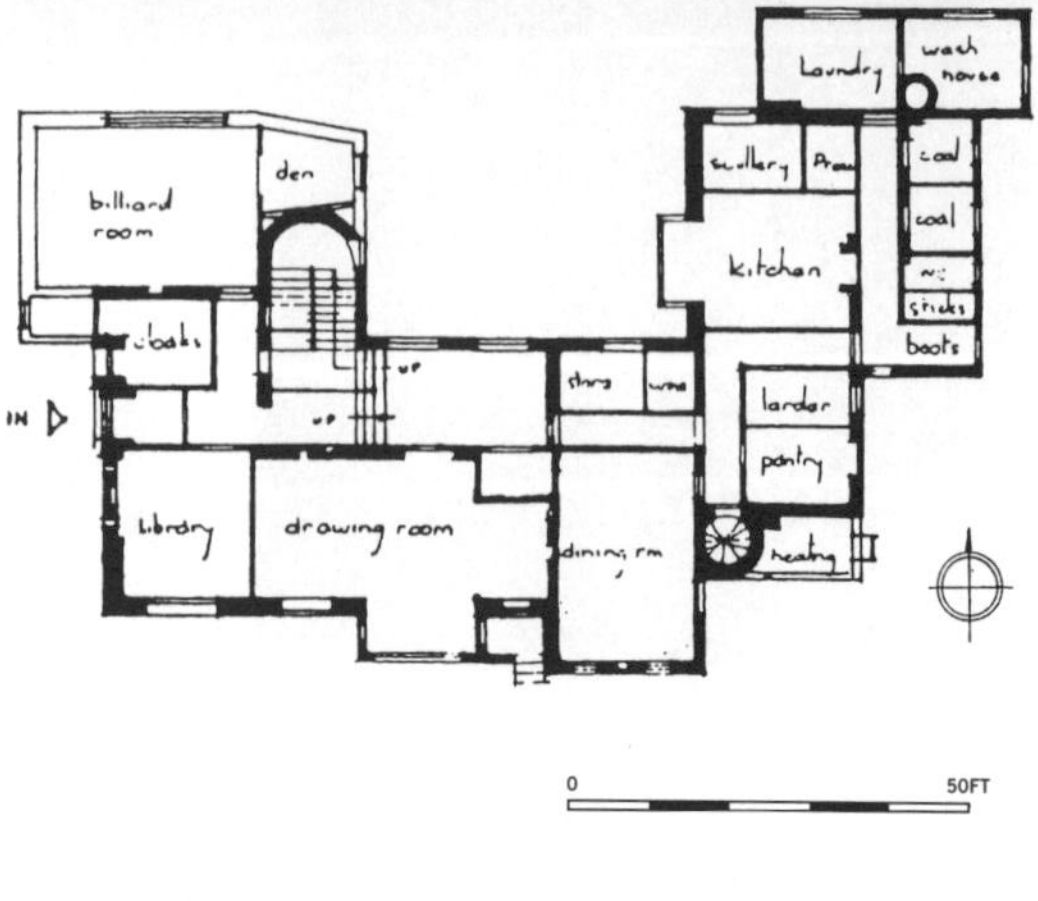

ンドウが突き出されていて、しかもそれらによって勾配屋根が隠されて、あたかもフラット・ルーフが架けられているかのように見えるのである。

ヒル・ハウス[*27]（一九〇二―〇四年、図108―112）は、出版業を営むW・W・ブラッキーのためにグラスゴー郊外ヘレンズバラの町とクライド湾を見下ろす高台に建てられた住宅である。平面は、ウィンディヒルと同様、北廊下型の主屋からサーヴィス部が突き出されたL字型であるが、ここでは主屋妻面にエントランスがとられ、エントランスと廊下に対して直交方向に円筒状の階段室が突き出されている。その妻面では、ゲーブルを背景として一本の煙突と二階ドレッシング・ルームの出窓とが深い庇で結ばれ、その出窓の下にエントランスがたくし込まれており、庭園側に回ると、L字平面の隅に添えられた円筒形のサーヴィス用階段が、同じく円筒形をなす四阿《あずまや》に反響している。ここでマッキントッシュがスコティッシュ・バロニアル様式の隅櫓を引いてきていることは明らかであろう。

マッキントッシュは「我々の（スコティッシュ・バロニアル）様式には、構造を装飾し、構造や実用要素を美の要素に変えてゆく特殊な能力がある」[*28]と考え、それをいたずらにコピーするのではなく自在に変形したのである。「芸術家は自分に合った表現過程を作り出すために技術的な創意工夫が必要であり、なかんずく、自然が与えてくれる要素を変形し、そこから新しいイメージを構成するには、創意工夫の助けが必要なのである。」[*29]オーブリー・ビアズリー[*30]のように、マッキントッシュは要素の輪郭を大胆に単純化し、プロポーショ

*27 Hill House, Helensburgh, Dunbartonshire, 1902–04.

*28 T. Howarth, op.cit., p.12.

*29 C. R. Mackintosh, 'Seemliness', 1902. 引用は C. R. Mackintosh, P. Robertson ed., op.cit., p.224.

*30 Aubrey Beardsley, 1872–98

図111　ヒル・ハウス、主寝室ワードローブ
図112　ヒル・ハウス、主寝室寝台

ンを極限まで引き伸ばす。例えば、ヒル・ハウス主寝室のワードローブ（図111）では、垂直線の茎に正方形格子の葉と楕円形状の花を付けた薔薇のモチーフが見られるが、このように垂直線を伸ばし、頂部に円形や正方形などを戴くという構成は、寝台（図112）両側に置かれたマーガレット・マクドナルド作刺繍パネルの人物像と呼応しているばかりか、マッキントッシュの水彩画「見られる部分、想像される部分」（一八九六年）——これはマーガレット・マクドナルドに贈られた後、ステンシルとしてブキャナン・ストリートのティールームの壁面装飾に用いられた——を初めとして、彼のありとあらゆるデザインの基本となっ

ているのである。逆に、スコティッシュ・バロニアル様式の窓が、通常二対一のプロポーションを持つのに対し、マッキントッシュは正方形の窓を多用しているということも指摘されている[*31]。再度、マッキントッシュの言葉を引こう。「つっかい棒がある限り、人は歩くことを学ばないだろう。芸術におけるつっかい棒とは、一つは、古い作品――どの時代、どの国のものかは問題ではない――の奴隷のような模倣であり、もう一つは、古代の原理に基づいて科学的にプロポーションが考えられた作品の中にも、生きた感情があり得るという馬鹿気た間違った考え方である。それは作者自身の思いつきの貧相な幻想に終ってしまうものである。」[*32]

ロバート・ロリマーとリヴァイヴァリズムの隘路

マッキントッシュによる伝統的要素の自由奔放な変形は、モリス－ウェッブの唱える中世民衆の「正直さ」という観点から見れば、余りに個人主義的、耽美主義的なものに見えるに違いなく、アーツ・アンド・クラフツ展示協会が、一八九六年の展示会へのグラスゴー「四人組」[*33]の出品を拒否したのは、けだし当然のことだと言えるかもしれない[*34]。しかし、このアーツ・アンド・クラフツにおける地方の材料・構法の「正直さ」の実践は、過去の様式を否定するばかりでなく、自ら独自の様式を創る可能性を摘むものでもあった。「我々はいかなる様式でもデザインできる。全ての古い方法は我々の手元にある。我々は

＊31 T.Howarth, op.cit., p.104.

＊32 C. R. Mackintosh, 'Seemliness', 1902. 引用は C. R. Mackintosh, P. Robertson ed., op.cit., p.223.

＊33 'The Four'
「四人組」は、マッキントッシュ、ハーバート・マックネア（Herbert MacNair, 1868–1955）、マーガレット・マクドナルド（Margaret Macdonald, 1864–1933）、フランシス・マクドナルド（Francis Macdonald, 1873–1921）の姉妹から成り、マッキントッシュはマーガレットと、マックネアはフランシスと結婚した。彼らはグラスゴー美術学校の同窓生であり、同校校長フランシス・ニューベリー（Francis Henry Newbery, 1853–1946）の後援を得た。

＊34 ヴォイジーがグラスゴー派を「幽霊派（Spook School）」と呼んだことは有名である。また『アーキテクチュラル・レビュー』誌は、一九〇七年にグラスゴー派の作品がヨーロッパで展示され、それがイギリスのデザインの代表と見なされたことに抗議して、次のように記している。「アール・ヌーヴォーは、イギリスでは推進されたことはなく、今後もそうならないことを望む。単に奇抜で『新鮮さ』をもった芸術が、必ずしも健全で良いものであるとは限らない。」

図113　アードキングラス、アーガイルシャー、一九〇六―〇八年、ロバート・ロリマー設計

批評家であり、芸術家である。我々は古い作品の愛好家であり、歴史的・美学的問題や技術的規則、デザイン原理を学びとっている。（中略）しかし、我々自身の作品はくすぶっているだけである。何故か。」[*35]アート・ワーカーズ・ギルドの長老であるジョン・ダンドウ・セディングのこの言葉は、モリスの思想に内在する矛盾を表現してはいないだろうか。地方の材料・構法への「正直さ」の行きつく先は、「新しさ」と個人様式の否定であり、ヴァナキュラーな風景の中に、その匿名性の中に埋没してしまうことである。

そうした隘路に陥る危険性は、マッキントッシュと同世代の建築家ロバート・ロリマー[*36]の作品に見られる。アードキングラス[*37]（一九〇六―〇八年、図113）の林立する隅櫓は、マッキントッシュとは対極をなすスコティッシュ・バロニアル・リヴァイヴァルの在り方を示している。「ロリマーの住宅は、古い建物の精神にあまりにも完全に浸りきっていて、また古い技術の完全な習得が見られるので、そこを初めて予期せず訪れる者は、その時完全に呆然としてしまい、全ての新しいところはどれだけ古いのだろうかと迷ってしまうのである。」[*38]ロリマーは、「正直な」スコティッシュ・バロニアル様式の住宅を多数建てるが、その後、丁度ラッチェンスがレンに民族伝統を見出したように、ロリマーはスコットランドが生んだ偉大な古典主義者、コリン・キャンベル、ウィリアムとロバート・アダム父子[*39]の伝統に戻っていく。ロリマーが「スコットランドのラッチェンス」と呼ばれる所以である。そして、このロリマーの古典主義への転向によって、スコティッシュ・バロニ

*35 J. D. Sedding, *Arts and Crafts Essays*, Rivington Percival & Co., 1893.
*36 Robert Lorimer, 1864–1929
*37 Ardkinglas, Argyllshire, 1906–08.
*38 J. S. Maxwell, *Shrines and Homes of Scotland*, 1938, p.206.
*39 William Adam, 1689–1748 and Robert Adam, 1728–92

アル・リヴァイヴァルの幕が降ろされるのである。

グラスゴーのオフィスビル

住宅からグラスゴーの都市建築に眼を移そう。ヴィクトリア朝のグラスゴーは、蒸気機関はもとより、それを搭載した船舶と鉄道の製造で覇を唱えた工業都市であり、アメリカやアジアとの交易で栄えた商業都市であった。新興の工業・商業の資本家達は、都心の職住一体となったジョージ朝住宅から郊外に住宅を新築して移り住むと同時に、そのジョージ

図114　ホープ・ストリート一五七―一六七番地、グラスゴー、一九〇二年、ジョン・キャンベル設計

図115　ホープ・ストリート一五七―一六七番地、背面

朝住宅の跡地には踵を接してオフィスビルが建てられた。郊外の住宅と都心のオフィスビルとは、職住分離という親から生み落とされた双子であり、両者によって都市グラスゴーは水平方向にも垂直方向にも拡張していった。マッキントッシュは言わずもがな、その名声の影になって忘れさられた同世代の建築家、ジョン・ジェイムズ・バーネット[*40]、ジョン・アーキボルド・キャンベル[*41]、ジェイムズ・サルモン[*42]、ジョン・ガフ・ジルスピー[*43]等は、拡張し続けるグラスゴー都心のオフィスビルの新しいタイプを創り上げたのだが、それもまた、スコティッシュ・バロニアル・リヴァイヴァルの一つの変奏として見ることができるのである。

マクラーレンのスターリング・ハイスクールは、スコティッシュ・バロニアル様式にリチャードソニアン・ロマネスク様式が加味された隅櫓を持っていたが、この塔のモチーフがグラスゴー都心の角地に立つオフィスビルに応用された。マッキントッシュによるグラスゴー・ヘラルド・ビル[*44]（一八九三年）では、八角平面の角に付けられた付柱と上部の膨れ上がった持送りとによって、キャンベルによるホープ・ストリート一五七―一六七番地[*45]（一九〇二年、図114―115）ではベイウィンドウとフィニアルによって、塔の垂直性が強調されている。バーネットによるマックゴーチズ・ウェアハウス[*46]（一九〇五―一〇年、図116）では、各立面の両側が平板を戴く角柱で押さえられ、敷地角に立つ二本の角柱がボウ・ウィンドウとペディメントで結ばれて塔が形作られている。ここでは、鉄骨造に鋼鉄製フィンで補強さ

*40 John James Burnet, 1857–1938
*41 John Archibald Campbell, 1859–1909
*42 James Salmon, 1873–1924
*43 John Gaff Gillespie, 1870–1926

*44 Glasgow Herald Building, Glasgow, 1893.
*45 Nos.157-167 Hope Street, Glasgow, 1902.
*46 McGoch's Warehouse, Glasgow, 1905–10.
*47 バーネットは一八九六年に渡米し、実際ルイス・サリヴァン設計のウェインライト・ビル（Wainwright Building, St. Louis, 1890–91）、ダニエル・バーナム設計のモナドノック・ビル（Monadnock Building, Chicago, 1889–92）を見ている。A. Gomme and D. Walker, *Architecture of Glasgow*, London, 1968, p.205.

れたコンクリートの床が張られており、こうした構造が、各立面中央部では方立–スパンドレルのグリッドとして表現されている。シカゴ派の影響はこれだけにはとどまらず[*47]、サルモンのマーカンタイル・チェンバーズ[*48]（一八九七年）や前述したキャンベルのホープ・ストリート一五七–一六七番地の背面（図115）には、ほとんど全面ガラス貼りのベイウィンドウを垂直に連ねた立面を見ることができる。一九世紀になって急成長した新興都市シカゴで生み出された新しいオフィスビルが、シカゴと同じような新興都市グラスゴーにいち早く導入されたのは、興味深い。

*48 Mercantile Chambers, Glasgow, 1897.

図116　マックゴーチズ・ウェアハウス、グラスゴー、一九〇五–一〇年、ジョン・バーネット設計

図117　アシニアム劇場、グラスゴー、一八九一–九三年、ジョン・バーネット及びジョン・アーキボルド・キャンベル設計

ところが一八九〇年代のグラスゴーでは、ジョージ朝住宅が建っていた間口の狭い敷地にもオフィスビルが挿入されるようになった。その間口の狭い小オフィスビルのタイプを確立したのが、バーネットとキャンベルによるアシニアム劇場[*49]（一八九一–九三年、図117）で、建物全体が、アエディキュラ付きゲーブルを持つ主屋と、方立が垂直に伸ばされた階段室の小塔という二つの部分に明確に分節されている。サルモンのセント・ヴィンセント・チェンバーズ[*50]（一八九九年、図118）は、間口九メートル足らずの敷地に挿入された一〇階建オフィスビルで、正面両側ではほぼ全面ガラス貼りのベイウィンドウが垂直に連ねられ、その間

図118　セント・ヴィンセント・チェンバーズ、グラスゴー、一八九九年、ジェイムズ・サルモン設計

図119　ライオン・チェンバーズ、グラスゴー、一九〇五–〇六年、ジェイムズ・サルモン及びジョン・ガフ・ジルスピー設計

*49 Athenaeum Theatre, Glasgow, 1891–93.

*50 St. Vincent Chambers, Glasgow, 1899.

から八角形の塔が立ち上げられている。サルモンとジルスピーによるライオン・チェンバーズ[*51]（一九〇五－〇六年、図119）は、間口一〇メートルの敷地に八階建の弁護士事務所が収められたものである。正面隅部の塔とゲーブルにはアシニアム劇場の構成が踏襲されているが、そこに見られたバロック的装飾は払拭されており、側面に回ると、アンヌビク[*52]のコンクリート構造に則って突き出されたベイウィンドウにより波状の立面が作られている。わずか一〇センチの鉄筋コンクリートの壁がラフキャストで仕上げられ、その所々にマッキントッシュを思わせるレリーフ――サルモンは、「四人組」のハーバート・マックネア夫妻がリヴァプールに移った後、マッキントッシュと親交のあった数少ないグラスゴーの建築家の一人であった――が施されている。この平坦な壁もまた、鉄筋コンクリートという新しい構造とスコティッシュ・バロニアル様式という古い伝統との間に宙吊りにされているのである。

ウィロウ・ティールームとグラスゴー美術学校

グラスゴーで新たに生み出されたのはオフィスビルだけではなかった。酒ではなく紅茶とともに軽食をとる店、ティールームが一八七〇年代に出現し、更に住宅内での食事を都市施設で代替させるというキャサリン・クランストン[*53]のコンセプトと斬新なマッキントッシュのデザインによって、クランストンズ・ティールームは、世紀末グラスゴー芸術の温

*51 Lion Chambers, Glasgow, 1905–06.

*52 François Hennebique, 1842–1921

*53 Catherine Cranston, 1850–1934

図120 ウィロウ・ティールーム、ソキーホール・ストリート、グラスゴー、一九〇三―〇四年、チャールズ・レニー・マッキントッシュ設計

床ばかりでなく、それを求める中流階級の集う場となったのである[54]。その内の一軒、ウィロウ・ティールーム[55]（一九〇三―〇四年、図120）は、ソキーホール・ストリート沿いの街区にはめ込まれた四階建の建物である。正面は周囲とは対照的な白いラフキャストで仕上げられているのに対し、その階構成は周囲と合わされ、上階のボウ・ウィンドウでかすかに塔が暗示されているだけである。四階建の一階がフロント・サロン、奥の増築部一階がバック・サロンで、両者はスクリーン状の背板を持つ給仕長の椅子で仕切られている。この椅子は間仕切りを兼ねた文字通りの「ジャイアント・ファニチュア」であって、そこからすると、

*54 横川善正『ティールームの誕生』平凡社、一九九八年参照。

*55 Willow Tea Room, Sauchiehall Street, Glasgow, 1903-04.

図121　グラスゴー美術学校、正面玄関、グラスゴー、一八九六―九九年、チャールズ・レニー・マッキントッシュ設計

それぞれアーガイル・ストリートとイングラム・ストリートのティールームで製作されたハイバック・チェアも同様の機能を持っていたと推測することができる。バック・サロンの上にはギャラリー・サロンが置かれ、そのトップライトと吹抜けを通してバック・サロンが採光されている。そしてそのギャラリー・サロンの床はフロント・サロンの天井高の三分の二ぐらいのレベルにあって、オープンな階段と鉄製手摺によってフロント・サロンとつながっているのである。他方、ソキーホールがスコットランド語で柳を意味しているので、ここでは柳をモチーフとした装飾が、一階フロント・サロンの石膏パネルや給仕長

の椅子から二階ルーム・ド・リュクスのステンドグラスに至るまで連綿と用いられている。こうしてスキップ・フロアによるオープンな空間の連続と装飾の連続とが補い合っているのである。

もう一つの新たな都市施設、学校を見てみよう。スコットランド・ストリート学校[*56]（一九〇四–〇七年）では、教室群の均等な窓割が、両側に立つ全面ガラス貼りの円筒状階段室——これもまたスコティッシュ・バロニアル様式の隅櫓の変形である——によって枠取られている。グラスゴー美術学校[*57]（一八九六–九九年、図121）の正面でも、スタジオの大窓が配置さ

図122　グラスゴー美術学校、図書館棟、一九〇七–〇九年、チャールズ・レニー・マッキントッシュ設計

図123　ブリストル中央図書館、ブリストル、一九〇五–〇七年、チャールズ・ホールデン設計

*56 Scotland Street School, Scotland Street, Glasgow, 1904–07.

*57 Glasgow School of Art, Glasgow, 1896–99.

れているが、その不均等なグリッド・パターンは、同時代の最新デザインが取り込まれた玄関廻りのデザイン[*58]に眼を奪われて、見過ごされてしまう。玄関廻り全体の微妙にアシンメトリカルな構成はショウの影響であろう。ベイウィンドウの重なりはヴォイジーのハンズ通り一四・一六番地に見られたものであるし、バルコニーで連結された大アーチとベイウィンドウは、マクラーレンのパレス・コート一〇・一二番地に見られたものである。頂部の二本の塔とそれを結ぶ凹んだ壁は、一階の平板を戴く角柱とそれを結ぶ曲がった壁に呼応しているが、そこにリチャードソン―マクラーレンの影響、はたまたヴォイジーの影響を読み取ることができる。

同校図書館棟[*59]（一九〇七―〇九年、図122）について、サマーソンはチャールズ・ヘンリー・ホールデン[*60]によるブリストル中央図書館[*61]（一九〇五―〇七年、図123）との類似性を指摘するとともに、ホールデンを含むロンドン建築界で当時高まっていたミケランジェロに対する関心の影響があったことにも言及している。グラスゴーのオフィスビルで見られたベイウィンドウとは異なり、この図書館棟の引き伸ばされたベイウィンドウには、彫りの深いモールディングが巡らされ、更にその内側に取り付けられた半円筒形のマスには彫像が予定されていたという。そのことを考え合わせると、ミケランジェロの彫塑的でマニエリスム的な要素の変形と同じ手法が、ここでも用いられていると見ても何ら不思議ではない。図書館棟が「ショウ―ヴォイジーの遺産とある種の古典主義との結合」[*62]であるという指摘は、マッ

*58 J. Summerson, 'The British Contemporary of Frank Lloyd Wright', pp.78-87. R. Macleod, op.cit., pp.51-65 and pp.119-134. D. Walker, op.cit., pp.360-361.

*59 Library Wing, Glasgow School of Art, Glasgow, 1907-09.

*60 Charles Henry Holden, 1875-1960

*61 Bristol Central Library, Bristol, 1905-07.

*62 J. Summerson, op.cit., p.83.

キントッシュが近代建築家のように伝統的要素を全面的に否定するのではなくて、むしろそれらを戯画的に変形することで、新たなシンボリズムを築こうとしていたことの証しではなかろうか。これと同じ視点から、次に同時代のロンドンの都市建築を見ていかなければならない。

七　エドワード朝バロック様式と帝都ロンドン

帝都ロンドンの変容

ヴィクトリア朝ロンドンでは、至る所で都市基盤や建築の工事が行なわれていた。鉱山技術であった鉄道がロンドンに侵攻し、その凱旋を祝うターミナル駅、ユーストン駅[*1]（一八三九年）、キングズ・クロス駅[*2]（一八五二年）、パディントン駅[*3]（一八五四年）、セント・パンクラス駅[*4]（一八七四年）が、市街地北側を東西に走るニュー・ロード（一七五七年）沿いに次々と建てられ、しかもそれらが地下鉄＝メトロポリタン鉄道（一八六三年）で結ばれるようになった。市街地南側を見ると、ロンドン橋[*5]（一八三一年）は石造五連アーチの新橋に、ウェストミンスター橋[*6]（一八六二年）は鋳鉄製七連アーチの新橋に建て替えられた。更に一八五五年にはロンドンの土木工事を統括する首都工事局[*7]が設置され、その主任技師ジョゼフ・バザルジェット[*8]が、テムズ河に垂れ流されていた下水を集め、下流の処理場に導くための幹線下水道をテムズ河北堤道路下に通した。これがヴィクトリア・エンバンクメント[*9]（一八七四年）で、一八七八年にはそれを照明するためにアーク灯＝ヤブラチコフ・キャンドルが導入されたのである。

都市の地下はもはや死者が眠る黄泉の国ではなくなり、鉱山技術が駆使され、生者に供される地下鉄、水道、ガス、電気などのネットワークが張り巡らされるようになった。地上の建築は、水・エネルギーを自給自足する単位ではなくなり、これら都市基盤から供給される水・エネルギーを消費する端末となった。新しい機能を担う建築が必要とされただけ

*1 Euston Station, London, 1839.
*2 Kings Cross Station, London, 1852.
*3 Paddington Station, London, 1854.
*4 St. Pancras Station, London, 1874.
*5 London Bridge, London, 1831.
*6 Westminster Bridge, London, 1862.
*7 Metropolitan Board of Works
*8 Joseph William Bazalgett, 1819–91
*9 Victoria Embankment, London, 1874.

ではなかった。建築に都市基盤の「紐」が付けられることが、近代建築の文字通りの基盤となったのである。

そうした基盤は、台所・便所・洗面などの水廻り、照明・エレヴェーターなどの設備面で、建築を一変させるはずであったが、逆にそれらは様式の分厚い化粧で隠されていったのである。住宅がそうであったように、ロンドンの都市建築もまた、クィーン・アン様式からレンに代表されるイングリッシュ・ルネサンス様式へと古典化し、更には後期レン、ヴァンブラ、ホークスモアのイングリッシュ・バロック様式を参照する折衷へと向かっていった。果てはリチャードソンの影響やミケランジェロのマニエリスムへの関心が加わって、後期ヴィクトリア朝からエドワード朝にかけてのロンドンの都市建築は、さながら様々な様式を折衷する実験場と化していったのである。この紆余曲折し錯綜する展開こそが、同時代の建築の醍醐味ではあるが、ここではその中でも大きな動きだけを拾い上げるに留めたい。

公立小学校様式

まず最初にクィーン・アン様式による都市建築の系譜を追ってみよう。クィーン・アン様式の最も初期の例として、ジョン・ジェイムズ・スティーブンソンのレッド・ハウス[*10]（一八七一–七三年）を挙げるのが通説となっているが[*11]、当時スティーブンソンのパートナー

*10 The Red House, London, 1871–73.

*11 M. Girouard, *Sweetness and Light : The Queen Anne Movement 1860-1900*, Oxford, 1977, p.38.

であったエドワード・ロバート・ロビンソン[*12]は、一八七二年にロンドン教育委員会の建築家に就任、このクィーン・アン様式を用いて数多くの公立小学校を建設することになった。クィーン・アン様式が公立小学校様式[*13]と別称されるのはこのためである。

一八七〇年に制定された初等教育法により、各都市に設置された教育委員会が小学校を建設、運営するようになり、多くの人口を抱えるロンドンでは一八九五年までの二五年間に四〇〇校以上もの公立小学校が建設された。通常、公立小学校は三階建で、下から順に各階が幼児、男子児童、女子児童に当てられ、各階中央部には大きなスクール・ルーム、ウィングにはクラス・ルームが配されたが、アングラーズ・ガーデンズ公立小学校[*14]（一八七四年、図124）などのように、一階中央部にオープン・アーケードがとられ雨天時の運動場に供された例もある。外観を見ると、黄褐色レンガの外壁が赤色レンガのモールディング、付柱、隅石で分節され、そこに半円や円弧のアーチを持つ白塗り木製上げ下げ窓が開けられている。また妻面やドーマー窓にはダッチ・ゲーブルが付けられ、そこから高い煙突が立ち上げられている。このような様式は、まず第一に安価であること、第二にジョージ朝ロンドンで確立されたヴァナキュラーな伝統に則った様式であること、第三に従来の学校で使われていたゴシック様式とは異なり、「教条主義的教育を廃し、（中略）市民性を表現する」[*15]様式であるという点から正当化されたのである。しかもこの様式は、ディテールやプロポーションも古典様式に拘束されることなく、レンガ造建築の種々雑多な先例を参照し得ると

*12 Edward Robert Robinson, 1835–1917

*13 Board School Style

*14 Anglers' Gardens Board School, St. Pancras, London, 1874.

*15 D. Gregory-Jones, 'The London Board Schools of E. R. Robinson', A. Service ed., op.cit., p.91.

図124　アングラーズ・ガーデンズ公立小学校、セント・パンクラス、ロンドン、一八七四年、エドワード・ロビンソン設計

図125　パスモア・エドワーズ・セトルメント、ブルームズバリー、ロンドン、一八九五─一九八年、ダンバー・スミス及びセシル・ブリューワー設計

いう融通性があった。それ故に、この公共小学校様式は複雑な機能要求にも対応し得る様式として、即ちフリー・スタイルとして、学校建築以外の建物にも普及していったのである。

フリー・スタイル

一般的に言って、フリー・スタイルのレンガ造建築は、実用的でインフォーマルなものと見做され、格式張った都市建築には用いられなかった。アーノルド・ダンバー・スミス[*16]とセシル・クロード・ブリューワー[*17]によるパスモア・エドワーズ・セトルメント[*18]（一八九五-九八年、図125）では、赤レンガの塔状マスが二本立ち上げられ、その上部に巡らされた白いプラスター壁と同じく白く塗装された軒裏・軒線とによって、寄棟屋根が赤レンガのマスから切り離され、軽やかに浮かされている。また赤レンガのマスに対して石造のポーチがアシンメトリカルに置かれているが、このポーチの大アーチと建物前面を囲う柵の曲線は、丁度同時期に建てられたマッキントッシュのグラスゴー美術学校と同様であり、リチャードソンやヴォイジーの影響をうかがうことができる。

一八八八年制定の地方自治体法に基づき、首都工事局に代わるものとしてロンドン・カウンティー・カウンシル（LCC）[*19]が設立され、それが同年制定の労働者住宅法によるスラム・クリアランスと集合住宅計画を担うこととなった。LCC建築部[*20]は、モリス－ウェッブに感化を受けた若い建築家の集う所となったが、彼らが設計したバウンダリー・ストリー

*16 Arnold Dunbar Smith, 1866-1933.
*17 Cecil Claude Brewer, 1871-1918
*18 Passmore Edwards Settlement, Bloomsbury, London, 1895-98.
*19 London County Council
*20 Architect's Department, London County Council
*21 Boundary Street Estate, Shoreditch, London, 1893-1900.
*22 Millbank Estate, nr. the Tate Gallery, London, 1893-1903.

ト・エステート[21]（一八九三―一九〇〇年）、ミルバンク・エステート[22]（一八九三―一九〇三年、図126）の住棟には、ウェッブのディテール、スミス・アンド・ブリューワーの塔状のマス、白いプラスター壁と赤いレンガ壁の対比を見ることができる。またLCC建築部でチャールズ・カンニング・ウィンミル[23]が担当したユーストン・ロード消防署[24]（一九〇一―〇二年、図127）でも、塔状のマスやプラスター塗りのベイウィンドウによって忙しげに分節されたシルエットが生み出されている。

ハーバート・フラー・クラーク[25]によるボールディング・アンド・サンズ[26]（一九〇三年、図128）は、

*23 Charles Canning Winmill, 1865–1945

*24 Fire Station, Euston Road, London, 1901–02.

*25 Herbert Fuller Clark, 1869–

*26 Boulding and Sons, Marylebone, London, 1903.

図126　ミルバンク・エステート、ロンドン、一八九三―一九〇三年、LCC建築部設計

図127　ユーストン・ロード消防署、マリルボーン、ロンドン、一九〇一―〇二年、LCC建築部設計

図128　ボールディング・アンド・サンズ、マリルボーン、ロンドン、一九〇三年、フラー・クラーク設計
図129　ゲラード・ストリート電話交換局、ソーホー、ロンドン、一九〇四年、レオナード・ストークス設計
図130　オール・ソールズ学校、マリルボーン、ロンドン、一九〇六－〇八年、ベレスフォード・パイト設計

赤レンガ造の外壁がオリエル・ウィンドウにより垂直に分節された小オフィスビルである。それぞれのオリエル・ウィンドウは、石で枠取られた連窓で水平に分節され、縞模様が付けられているという点では同じだが、違った頂部を持ち、違った高さの所に取り付けられているので、それらがあたかも外壁上にコラージュされたかのように見えるのである。

レンガ壁の凹凸がもっと薄いレリーフとして取り扱われる事例もある。レオナード・アロイシウス・ストークス[*27]は、一八九八年にナショナル・テレフォン社社長令嬢と結婚、それにより電話交換局という新しいビルディング・タイプを各地に設計する機会を得た。それらは「純粋に実用的な建物が現代建築家の手によっていかにして興味深い建築になり得るかを示すものとして注目に値する」[*28]と評されたが、特に一階に大アーチを連ね、その迫石やスパンドレルに石とレンガの縞模様を付けたゲラード・ストリート電話交換局[*29]（一九〇四年、図129）がロンドン子の耳目を引いた。アーサー・ベレスフォード・パイト[*30]がジョン・ベルチャーから独立した後の作品、オール・ソールズ学校[*31]（一九〇六–〇八年、図130）を見ると、レンガの外壁上でディオクレティアヌス窓と三連アーチがレリーフとして重ね合わされている。これなどは、ウェッブのホランド・パーク・ロード一四番地の出窓を平坦化したように見えるからであろうか、「新しいものの新奇さ、騒々しさ、いらだたしさはないが、いわゆる新しい建築と同じ程新しい」[*32]と評されたのである。ストークスの「洗練されたマニエリスム」[*33]は弟子のウィンミルを通して、パイトの「層を重ねることでレンガ壁を

*27 Leonard Aloysius Stokes, 1858–1925

*28 H.Hare, *Journal of the Royal British Architects*, 1919.

*29 Telephone Exchange, Gerrard Street, Soho, London, 1904.

*30 Arthur Beresford Pite, 1861–1934

*31 All Souls' School, Marylebone, London, 1906–08.

*32 H. S. Goodhart-Rendel, 'The Work of Beresford Pite and Halsey Ricardo', *Journal of the Royal British Architects*, Dec. 1935, p.152.

*33 J. A. Gotch ed., *The Growth and Work of the RIBA*, London, 1934, p.178.

レリーフ化することへの関心」[*34]は、一九〇五年以降彼が教鞭を執ったＬＣＣ建設学校の教え子を通して、ＬＣＣ建築部に影響を与えたと言われている。

リチャードソンの影響

一八九〇年代のイギリスにおいて、リチャードソンの影響は相当なものだったに違いない。一八八三年以降、雑誌『ブリティッシュ・アーキテクト』誌[*35]は、リチャードソンの作品をシリーズで紹介しているし、リチャードソン自身も一八八六年に一度渡英して、「ル

図131 「ルルランド」、ブッシー、ハートフォードシャー、一八八六―九四年、ヘンリー・ホブソン・リチャードソン設計

図132 ビショップスゲート・インスティテュート、ビショップスゲート、ロンドン、一八九二―九四年、チャールズ・ハリソン・タウンゼンド設計

*34 A. Service, 'Beresford Pite', A. Service ed.,op.cit., p.401.

*35 *The British Architect*

ルランド」[*36]（一八八六–九四年、図131）という作品を残している。マクラーレンに対するリチャードソンの影響については既に触れたが、リチャードソンの影響を大きく受けたもう一人のイギリス人建築家が、チャールズ・ハリソン・タウンゼンド[*37]である。彼が設計したロンドン、イースト・エンドの労働者に対する情操教育施設、ビショップスゲート・インスティテュート[*38]（一八九二–九四年、図132）の正面では、双塔の下に大アーチが開けられ、それらが植物レリーフのフリーズによって結ばれている。そうした構成はリチャードソンの置きみやげ「ルルランド」に酷似し、仮にタウンゼンドが「ルルランド」を見知っていなかったとしても、少なくともリチャードソンの名作、クィンシーのクレイン記念図書館[*39]（一八八〇–八三年）に見られる小塔と大アーチのモチーフから影響を受けたと考えられよう[*40]。バーネット牧師夫妻——妻のヘンリエッタ・オクタヴィアは、後にハムステッド・ガーデン・サバーブの提唱者として活躍した——によるイースト・エンドの慈善事業の一環として建てられた美術館、ホワイトチャペル・アート・ギャラリー[*41]（一八九九–一九〇一年、図133）でも双塔と大アーチの構成が見られ、面白いことにそれが双塔の頂部でも繰り返されている。双塔間にはウォルター・クレインのモザイクが計画されていたが、予算不足で実現されず、わずかに双塔基部が植物レリーフで飾られているだけである。このホワイトチャペル・アート・ギャラリーの双塔や大アーチには、リチャードソン風の膨れ上がった曲面が見られるが、それは、紅茶商J・F・ホーニマンの文化人類学的収集品を展示するホーニマン博物

*36 Lululand, Bushey, Hertfordshire, 1886–94.

*37 Charles Harrison Townsend, 1851–1928

*38 Bishopsgate Institute, Bishopsgate, London, 1892–94.

*39 Crane Memorial Library, Quincy, Massachusetts, 1880–83.

*40 A. Service, 'Charles Harrison Townsend', A. Service ed., op.cit., p.169.

*41 Whitechapel Art Gallery, Whitechapel, London, 1899–1901.

図133　ホワイトチャペル・アート・ギャラリー、ホワイトチャペル、ロンドン、一八九九―一九〇一年、チャールズ・ハリソン・タウンゼンド設計
図134　ホーニマン博物館、ルイシャム、ロンドン、一八九六―一九〇一年、チャールズ・ハリソン・タウンゼンド設計

館[*42]（一八九六―一九〇一年、図134）の時計塔においてより一層強調されている。その塔では、下部側面に大アーチのエントランスがとられる一方、頂部が一本の円筒から四本の小塔に枝分かれしたような形へと分節され、それらが細かい植物レリーフで装飾されているのである。そうした曲面や植物レリーフから、タウンゼンドはアール・ヌーヴォーの建築家と誤解されがちであるが、彼は一八八八年以来のアート・ワーカーズ・ギルドの熱心な会員で、そこでの親友クレインはアール・ヌーヴォーを「装飾の病」[*43]と見ていたし、タウンゼンドもその見方を共有していた。彼の作品で建築要素間を結ぶ植物レリーフの水平帯は、全て

*42 Horniman Museum, Lewisham, London, 1896–1901.
*43 W. Crane, *William Morris to Whistler*, London, 1911, p.232.

の美術・工芸を建築に統合しようとするアーツ・アンド・クラフツ思想の実践と見るべきなのである。

イングリッシュ・ルネサンス様式からイングリッシュ・バロック様式へ

より格式張った都市建築では、フリー・スタイルではなくレンの古典様式に戻ろうとする動きが見られる。レンが注目されたのは、レンがイギリス独自の古典様式を確立した建築家であって、その様式こそヴァナキュラーでナショナルな様式であると認知することができたからである。またレンの工房では、グリンリング・ギボンズ[*44]の木工にせよジャン・ティヨー[*45]の金工にせよ、中世職人より以上の技術でもって高度に洗練された工芸が制作され、それらがレンの建築へと統合されており、そのことも、工芸と建築の統合というアーツ・アンド・クラフツ思想の実現であると見做すことができた。アーツ・アンド・クラフツ思想がこのように解釈し直され、いかにも自然にフリー・スタイルからレンの古典様式への転進が図られたのである。

レンのイングリッシュ・ルネサンス様式は、ネスフィールドやノーマン・ショウに師事したことのあるジョン・マッキーン・ブライドン[*46]設計のチェルシー教区ホール[*47]（一八八五–八七年、図135）などで復興され、レンのハンプトン宮殿に見られるレンガ造古典様式は、前述したように、ラッチェンスの「レネサンス」様式の都市建築で復興された。それならば、

*44 Grinling Gibbons, 1648–1721

*45 Jean Tijou

*46 John McKean Brydon, 1840–1901

*47 Chelsea Vestry Hall, Chelsea, London, 1885–87.

図135　チェルシー教区ホール、チェルシー、ロンドン、一八八五–八七年、ジョン・ブライドン設計

レンの後期からジョン・ヴァンブラ、ニコラス・ホークスモア、ジェイムズ・ギブズへと至るイングリッシュ・バロック様式を参照してもよいのではないか。こうしてエドワード朝バロックと総称される様式の端緒が切り拓かれたのである。

イングリッシュ・バロック様式では、シティ・チャーチの様々な塔、グリニッジ・ホスピタル[*48]の塔、ブレナム宮殿[*49]の塔など数多くの塔が建てられ、そのような塔の付加により、ともすれば単調になりがちな大規模建築の外観に、抑揚や力動性が生み出されていた。そしてこれらの塔を参照した都市建築が、ロンドンを問わずイギリス各都市に建てられることになるのだが、その口火を切ったのが、ジョン・ベルチャーとベレスフォード・パイトによる公認会計士協会[*50]（一八八八–九三年、図136）であった。その外観では、入口のみならず階数が切り換わった隅部にクーポラ付きの小塔が立ち上がっている。また彫りの深いルスチカ仕上げの柱や窓枠といったバロック様式——より具体的には、ベルチャーが関心を持っていたイタリア、ジェノヴァのバロック様式——の要素が用いられており、しかもそれらの要素が人物レリーフの水平帯によって結ばれている。更にその旧評議会室では、ヴェネチアのバロック建築家、ロンゲーナ[*51]を想起させる室内が、大壁画によって飾られているのである。ベルチャーとパイトはアート・ワーカーズ・ギルドの創設メンバーに名を連ねており[*52]、この外観の人物レリーフやインテリアの壁画は、建築・彫刻・絵画の統合というアーツ・アンド・クラフツ思想を実践したものなのである。かくして公認会計士

*48 Greenwich Hospital, Greenwich, 1696-.

*49 Blenheim Palace, Oxfordshire, 1705-24.

*50 Institute of Chartered Accountants, off Moorgate, London, 1888-93.

*51 Baldassare Longhena, 1598-1682

*52 ベルチャーは、一八八四年のアート・ワーカーズ・ギルド第一回会合で初代会長に選出された。

図136　公認会計士協会、ロンドン、一八八八–九三年、ジョン・ベルチャー及びベレスフォード・パイト設計

図137　モーティマー・ストリート八二番地、マリルボーン、ロンドン、一八九六年、ベレスフォード・パイト設計

協会は、格式張った石造の都市建築において建築と美術・工芸とを統合してみせた最初の事例として、当時の建築界に大きな衝撃を与え、直接的な模倣作品まで建てられる程であった[*53]。

ミケランジェロへの関心

公認会計士協会の建物を、ベルチャー、パイトのいずれが主として設計したのかは定かではないが、そこでの建築要素の彫塑的な変形は、明らかにパイトの手によるものであろう[*54]。そしてそこから、パイトは次第にミケランジェロへの関心を深めていったのである。パイト独立後の作品である小住宅、モーティマー・ストリート八二番地[*55]（一八九六年、図137）では、上下のブロークン・ペディメントを人物をかたどった柱で結ぶというミケランジェロ的なマニエリスムが見られるし、彼が著わしたミケランジェロ論[*56]は、当時出版されたミケランジェロの伝記[*57]と共に、一九〇〇年前後のロンドン建築界に一種のミケランジェロ・ブームを巻きおこしたのである。

このミケランジェロ的なマニエリスムを究極まで押し進めたのが、パイトの後ベルチャーのパートナーとなった若きジョン・ジェイムズ・ジョアス[*58]である。ジョアスの手になると言われているオフィスビル、マッピン・ハウス[*59]（一九〇六－〇八年、図138）の外観を見ると、一・二階はトスカナ式円柱で支えられ、三階にはイオニア式をもじった柱頭を持つ角

*53 ショウのニュー・スコットランド・ヤードの最終案にも、この建物の影響が見られる。A・セイントによると、「ニュー・スコットランド・ヤードにおけるショウは、ベルチャーのバロックの最初の、しかも最も賢明な模倣者である。」A. Saint, op.cit., p.269.

*54 A. Service, 'Arthur Beresford Pite', A. Service ed., op.cit., p.396.

*55 82 Mortimer Street, Marylebone, London, 1896.

*56 A. Beresford Pite, 'The Architecture of Michael Angelo's Art', *Architectural Review*, 1898, Vol.IV, pp.217–228, Vol.V, pp.21–24 and pp.86–95.

*57 J. Addington Symonds, *The Life of Michelangelo*, 1893.

*58 John James Joass, 1868–1952

*59 Mappin House, 158 Oxford Street, London, 1906–08.

柱、四階にはコリント式カップルド・コラムが伸ばされた後、半円アーチによって締め括られている。更にロイヤル・インシュアランス・ビル[*60]（一九〇七―〇八年、図139）では、一・二階がトスカナ式カップルド・コラムで支えられているものの、その上階のベイウィンドウではキーストーンやブロークン・ペディメントが宙吊りにされており、角柱とおぼしき所ではキーストーンとニッチで凹凸が作られた後、柱頭にはカリアティッドが埋め込まれている。両者では、幾何学的に単純化された古典様式の要素が、支え―支えられるという構造の論理から見ると全く非合理的に組み合わされて、全体として垂直方向への運動性が強調

図138　マッピン・ハウス、オックスフォード・ストリート一五八番地、ロンドン、一九〇六―〇八年、ジョン・ベルチャー及びジョン・ジョアス設計

図139　ロイヤル・インシュアランス・ビル、ピカデリーとセント・ジェイムズ・ストリート、ロンドン、一九〇七―〇八年、ジョン・ベルチャー及びジョン・ジョアス設計

*60 Royal Insurance Building, Piccadilly and St. James Street, London, 1907–08.

図140　法曹協会図書館棟、チャンセリー・レーン、ロンドン、一九〇三–〇四年、チャールズ・ホールデン設計
図141　英国医師協会、ストランド四二九番地、ロンドン、一九〇七–〇八年、チャールズ・ホールデン設計

されている。ミケランジェロへの関心がネオ・マニエリスムとでも呼び得るものにまで先鋭化されたこれらの外観は、大きな窓と宣伝効果としての装飾を必要とする鉄骨造商業建築に対する一つの解を提示したと言えよう。

ジョアスのネオ・マニエリスムに影響を及ぼしたのが、チャールズ・ヘンリー・ホールデンの作品である。ホールデンは、アシュビーの下で働いた経験もあって、最初はテューダー様式に基づいたレンガ造フリー・スタイルから出発したのであるが、法曹協会図書館棟[*61]（一九〇三–〇四年、図140）では、長く引き伸ばされたアエディキュラ、角ばったヴェネチ

*61 Library Block, The Law Society, Chancery Lane, London, 1903-04.

＊62 British Medical Association, 429 Strand, London, 1907-08.

アン・ウィンドウ、パイトの影響を思わせるディオクレティアヌス窓など、古典様式要素が変形され、幾何学形態へと単純化されていることが読み取れる。その傾向は、前述したブリストル中央図書館の側面で、レリーフ状のバットレスあるいは付柱が垂直に立ち上がり、それら二本の塔の間に出窓やペディメントが収められている所に見られるし、英国医師協会[＊62]（一九〇七–〇八年、図141）に至っては、あのマクマードー–ヴォイジーの平板を戴く角柱が付柱として用いられ、それが上階にいくに従って幅も高さも小さくなると同時にセットバックしていって、最後的にはエンタブラチュアという支えるべき要素なしで終っているのである。このようなマニエリスム的な古典様式要素の処理は、鉄骨造においては古典様式が依拠していた石造という構造の論理を無視し得るということを暗示しているのであろうか。いずれにせよ、このホールデンやジョアスのネオ・マニエリスムが、マッキントッシュの図書館棟と同じ源泉を持つ同時期の動向であったことだけは確かである。

バロック様式の渉猟

「前の時代のピュリストは、様式の素材が取り扱われる自由さと個性にショックを受けるだろうし、建築の倫理的根拠に固執する者は、今日のデザイナーが世紀から世紀へと跳び移ったり、時代がその間を転がっていくようにと脚を広げて立っていたりするような陽気な折衷主義を見ると、天を仰いで嘆くだろう。そのような人達にとって、我々のやり方は

図142　ヴィクトリア・アンド・アルバート美術館、ケンジントン、ロンドン、一八九一—一九〇九年、アストン・ウェッブ設計

図143　カーディフ市庁舎・裁判所、カーディフ、一八九七—一九〇六年、ヘンリー・ランチェスター及びエドウィン・リカーズ設計

反モラルに見えるだろうし、最悪の場合には非モラルとなる。が、これは純粋に見解の問題である。現代の建築家が、自らの衝動に駆られて、公共建築には古典形態を、教会にはゴシックを再生産していく際、罪の意識を全く感じていない。そして無意識でいるという罪は、人間性が応々にして勝ち得る美徳に近いものである。」[*63] レン様式の復興からあらゆる古典様式の折衷主義への解放は、アーツ・アンド・クラフツ思想の根幹にあるモラリティの束縛を断ち切ることさえできれば可能であった。こうしてエドワード朝バロック様式では、より広範なデザインの参照源が探し求められていくことになる。

*63 A. E. Street, 'Architecture of the Victorian Era,' *Architectural Review*, 1901.

実際、ベルチャーとパイトの公認会計士協会は、イタリア、ジェノヴァのバロック建築から想を得たものであったし、アストン・ウェッブ[*64]のヴィクトリア・アンド・アルバート美術館[*65]（一八九一―一九〇九年、図142）も、イタリアやフランスの初期ルネサンス様式の混成によるものであった。それらに加えて、エドウィン・アルフレッド・リカーズ[*66]がヨーロッパ大陸のバロック様式を持ち込んだのである。この南ドイツからオーストリアにかけての豊饒・華麗なバロック様式でもって、リカーズはカーディフ市庁舎・裁判所[*67]（一八九七―一九〇六年、図143）、メソジスト教会中央ホール[*68]（一九〇五―一一年）などの設計競技に立て続けに連勝し、当時の人をして「新しい啓示、新しい世界への道を開く」[*69]と言わしめた。が、彼の成功も長くはなかった。一九〇七年に催されたロンドン・カウンティ・ホール[*70]設計競技において、リカーズは、列柱廊のスクリーンの背後、半円状に窪んだ壁面から無数の彫刻をあしらった塔を立ち上げた提案を行なったが、それが抑制の効いたラルフ・ノット[*71]の案に敗れ去ったのである。彼の「ボヘミアン」バロック様式の流行は終焉を迎え、時代の趣味は、より厳格な規範に忠実な古典主義―アカデミズムへと移っていったのである。

ボザールの浸透から裸の古典主義へ

イングリッシュ・バロック様式が一七二〇年代にパラディアニズム[*72]というアカデミズムに取って代わられたのと同じようなことが、この時代でも繰り返されたのであろうか。

*64 Aston Webb, 1849–1930

*65 Victoria and Albert Museum, Kensington, London, 1891–1909.

*66 Edwin Alfred Rickards, 1872–1920

*67 Cardiff City Hall and Law Court, Cardiff, 1897–1906.

*68 Methodist Central Hall, Westminster, London, 1905–11.

*69 C. H. Reilly, *Scaffolding in the Sky*, London, 1938.

*70 London County Hall, Lambeth, London, 1908–33.

*71 Ralph Knott, 1878–1929

*72 Palladianism

図144　ザ・リッツ・ホテル、ピカデリー、ロンドン、一九〇三–〇六年、シャルル・ミューズ及びアーサー・デイヴィス設計
図145　コダック・ビル、キングズウェイ、ロンドン、一九一〇–一一年、ジョン・バーネット設計

まずアカデミズムの本山、パリのエコール・デ・ボザールの繊細で洗練された古典様式が、フランスの建築家シャルル・ミューズ[73]とそのロンドンにおけるパートナー、アーサー・ジョゼフ・デイヴィス[74]設計によるザ・リッツ・ホテル[75]（一九〇三–〇六年、図144）によってもたらされた。ここでは、サヴォイ・ホテル[76]（一八八四–八九年）と同様、アメリカの最新技術――鋼鉄骨組、電気照明、エレヴェーター、浴室――などが導入される一方、その鋼鉄骨組が石貼りのアーケード、背の高いマンサード屋根で覆われている。また平面ではボザールの軸構成が採られ、長辺方向中央を貫くグランド・ギャラリーによって、階段及びエレ

*73 Charles Mewes, 1860-1914
*74 Arthur Joseph Davis, 1878-1951
*75 The Ritz Hotel, Piccadilly, London, 1903-06.
*76 Savoy Hotel, London, 1884-89.

ヴェーター・ホール、ウィンター・ガーデン、レストランなどが結ばれ、更にレストランのテラスからグリーン・パークが望めるようになっている。

ボザールの教育方法の導入が検討される過程で、アルバート・エドワード・リチャードソン[*77]やチャールズ・ハーバート・ライリー[*78]といった理論家や教育者が次第に発言力を強めるようになった。レジナルド・ブロムフィールドは、プライアーを通じてショウの弟子たちの仲間に入っていたが、次第に古典主義へと傾斜していき、彼が著わした『英国ルネサンス建築史　一五〇〇－一八〇〇年』[*79]（一八九七年）は、イングリッシュ・ルネサンス、バロック様式復興の教科書となったし、更に一九〇七年に王立アカデミー教授に就任した際には、次のような言葉で就任講義を締め括ったのである。「建築形態は、言語の語句のように古いものである。英語という言語の可能性が尽きてしまったと、未だ誰もが思わないし、建築でもそうである。建築家の創意や独創性は、彼が容認された形態を利用する際に示されるのである。」[*80]そうしたボザールの古典主義に基づき、彼はユナイテッド・ユニヴァーシティ・クラブ[*81]（一九〇六－〇七年）を建てる一方、『フランス建築史　一四九四－一六六一年』[*82]（一九一二年）の執筆を進めたのである。

丁度その頃、エコール・デ・ボザール出身でもあったグラスゴーの建築家、バーネットがロンドンに居を移し、トマス・スミス・テイト[*83]とともにコダック・ビル[*84]（一九一〇－一一年、図145）などのオフィスビルを建て始めていた。コダック・ビルは鉄骨造石貼りの建物で、二

*77 Albert Edward Richardson, 1880–1964

*78 Charles Herbert Reilly, 1874–1948

*79 R. Blomfield, *A History of Renaissance Architecture in England 1500-1800*, London, 1897.

*80 R. Blomfield, *The Mistress Art*, London, 1908.

*81 United University Club, Pall Mall, Westminster, London, 1906–07.

*82 R. Blomfield, *History of French Architecture 1494-1661*, London, 1912.

*83 Thomas Smith Tait, 1882–1954

*84 Kodak Building, Kingsway, London, 1910–11.

階分の基部から角柱が立ち上がって頂部のコーニスを支え、しかも角柱間ではスパンドレルが窓枠と同じ面、同じ真鍮製に揃えられることで、角柱の垂直性が強調されている。このシカゴ派の影響を受けた三層構成は、バーネットがグラスゴーで建てたオフィスビル、例えばマックゴーチズ・ウェアハウスにも見られたが、ここではほとんど全ての古典建築要素が払拭されている。そしてこのコダック・ビルの「裸の古典主義」[*85]が、一九二〇年代から三〇年代にかけてのイギリス建築の主流となっていくのである。「もしイギリスに近代建築運動のルーツがあるとするならば、それはヴァナキュラーで基本的には個人主義的な『フリー・スタイル』にあるのではなくて、バーネットやアルバート・リチャードソンによって推進された『裸の古典主義』の方にあるだろう」[*86]と言われる所以である。ここで我々は、ペヴスナーとは全く対極にある近代建築史観に辿り着いたのである。

*85 Stripped Classicism

*86 G. Stamp, *London 1900*, AD Profiles 13, 1978, p.26.

あとがき

一九八二年から八三年まで、私はケンブリッジ大学ピーターハウス・カレッジ客員研究員として、デイヴィッド・ワトキン博士に師事し、エドウィン・ラッチェンスの建築についての研究に取り組み始めた。私は建築における「軸」や「軸構成」という問題意識からラッチェンスの建築にアプローチし、数年後それに基づいて学位論文『エドウィン・ラッチェンス研究—住宅における軸構成の分析』（一九八七年）をまとめることになるのだが、ケンブリッジ大学在学中は、ラッチェンスに関する第一次資料——RIBAに残されている膨大な量の手紙やドローイング——を閲覧、収集したり、イギリス各地に現存する彼の建築を見学したりした。その一方で、アーツ・アンド・クラフツ運動の第三世代の建築家であるラッチェンスの立場を位置付けるためには、アーツ・アンド・クラフツ運動、ひいては後期ヴィクトリア朝からエドワード朝にかけてのイギリス建築の全貌をとらえなければならなくなり、また彼の折衷の源泉を探るためには、イギリスの住宅建築、ひいてはイギリス建築の歴史を通覧しなければならなくなった。幸運なことに、当時の私にとっていわば外堀を埋めるような学習の成果をまとめる機会が与えられ、「アーツ・アンド・クラフツと世紀末のイギリス建築」（『SD』一九八四年二月号）として発表することができたのである。以来、これを核にして、郊外住宅・郊外住宅地やカントリー・ハウスの研究を進めていくことになるのだが、肝心のこの核を掘り下げることができないままでいた。この度、鹿島出版会からのお誘いがあったのを機に、長年の懸案に着手すべく、下敷きとなる前掲論文を再読してみると、自分の若さに驚かされるばかりであった。そこでは、ワトキン著『モラリティと建築』（一九七七年）の直接的な影響を受けて、ペヴスナーの近代建築史におけるアーツ・アンド・クラフツ運動の位置付けを見直すことに終始しており、また建築様式や平面構成の特徴を記述するのを急ぐ余り、それを支えている社会的背景を素描することとさえできていない。そうした若さを補正するために、本書では、中流階級のモダン・ライフにおける職住分離、それに伴う郊外の住宅と都市のオフィスビル・遊興施設という対立を縦糸として通し、文章も全面的に書き改めた。また当然のこととして、この二十年間に蓄積されてきた私自身や他の研究者の成果を盛り込んだ。それは、とりもなおさず私が私自身を評価する過程であったと言ってよい。

それゆえ執筆ははかどらず、中断を経た後、漸く本書として上梓にこぎつけることができた。それは、ひとえに編集者、相川幸二氏の忍耐によるところが大きい。また本書では、長年の友である建築写真家、下村純一氏には何点かの写真をお借りした。それらを見るにつけ、ケンブリッジ大学在学中、訪ねてきてくれた彼と一緒に、ケンブリッジ郊外にあるベイリー・スコット設計の住宅を見学したことが、なつかしく思い出される。この場を借りて、両氏に謝辞を表しておきたい。また私に常々知的刺激を与えてくれている名古屋大学建築学教室の同僚諸氏、下支えしてくれている家族の皆にも感謝致したい。

日本では、アーツ・アンド・クラフツ運動というと、どうしてもモリスを中心とした工芸やインテリアに関心が偏りがちであるが、モリスの思想が生活全体の芸術化を志向していたのであれば、その最終成果物は建築であり、庭園であり、都市であるはずである。そしてそれらは築後百年を越えた今も現存し、かえって輝きを増しているかに見える。そうしたアーツ・アンド・クラフツ運動の広がりと持続を読み取っていただければ、筆者としてそれに勝る喜びはない。

二〇〇五年　師走

片木　篤

主要参考文献

アーツ・アンド・クラフツ運動、後期ヴィクトリア朝・エドワード朝の建築及び関連デザインについては、多くの既往研究が蓄積されている。ここでは、建築家や建築作品のモノグラフを省略し、運動や時代全般を扱い、比較的閲覧、入手しやすい文献のみを列挙するにとどめた。

近代建築史全般

- Nikolaus Pevsner, *Pioneers of the Modern Movement: From William Morris to Walter Gropius*, London, 1936; *Pioneers of Modern Design: From William Morris to Walter Gropius*, New York, 1949, rerised edition, Harmondsworth, 1960.（ニコラウス・ペヴスナー著、白石博三訳『モダン・デザインの展開―モリスからグロピウスまで』みすず書房、1957年）
- Nikolaus Pevsner, *The Sources of Modern Architecture and Design*, London, 1968.（ニコラウス・ペヴスナー著、小野二郎訳『モダン・デザインの源泉―モリス、アール・ヌーヴォー、20世紀』美術出版社、1976年）
- David Watkin, *Morality and Architecture, Oxford*, 1977.（デイヴィド・ワトキン著、榎本弘之訳『モラリティと建築』鹿島出版会、1981年）

後期ヴィクトリア朝・エドワード朝建築全般

- Roger Dixson and Stefan Muthesius, *Victorian Architecture*, London, 1978.
- Peter Ferriday ed., *Victorian Architecture*, London, 1963.
- Jill Franklin, *The Gentleman's Country House and Its Plan 1835-1914*, London, 1981.
- Mark Girouard, *The Victorian Country House*, Oxford, 1971.
- Roderick Gradidge, *Dream House: The Edwardian Ideal*, London, 1980.
- Robert Furneaux Jordan, *Victorian Architecture,* Harmondsworth, 1966.
- Hermann Muthesius, *Das englische Haus*, Berlin, 1904-05, reprint, 1999; English translation, *The English House*, London, 1979.
- Alastair Service ed., *Edwardian Architecture and Its Origin*, London, 1975.
- Alastair Service, *Edwardian Architecture*, London, 1977.
- Gavin Stamp, *London 1900*, AD Profile 13, London, 1978.
- 鈴木博之『建築家たちのヴィクトリア朝』平凡社、1991年

アーツ・アンド・クラフツ運動全般

- Elizabeth Cumming and Wendy Kaplan, *The Arts and Crafts Movement*, London, 1991.
- Peter Davey, *Arts and Crafts Architecture: The Search for Earthly Paradise*, London, 1980.
- Mark Girouard, *Sweetness and Light: The Queen Anne Movement 1860-1900*, Oxford, 1977.
- 長谷川堯『建築逍遥—W・モリスと彼の後継者たち』平凡社、1990年
- Lionel Lambourne, *The Aesthetic Movement*, London, 1996.
- Margaret Richardson, *Architecture of the Arts and Crafts Movement*, London, 1983.
- Adrian Tinniswood, *The Arts & Crafts House*, London, 1999.

図版出典

- Malcolm Airs, *The Buildings of Britain: Tudor and Jacobean*, London, 1982: 101
- Richard Bisgrove, *The Gardens of Gertrude Jekyll*, Boston, 1992: 93
- Jeremy Cooper, *Victorian and Edwardian Furniture and Interiors: From the Gothic Revival to Art Nouveau*, London, 1987: 1
- Peter Davey, *Arts and Crafts Architecture: The Search for Earthly Paradise*, London, 1980: 43, 59, 129
- Stuart Durant, *C.F.A.Voysey*, London, 1992: 62, 63, 64, 66, 67
- Mark Girouard, *The Victorian Country House, New Haven*, 1979: 24, 25, 26
- Roderick Gradidge, *Dream Houses: The Edwardian Ideal*, London, 1980: 49, 75
- Diane Haigh, *Baillie Scott: The Artistic House*, London, 1995: 70
- Dean Hawks and others, *Barry Parker & Raymond Unwin Architects*, London, 1980: 54
- Wendy Hitchmough, *C.F.A.Voysey*, London, 1995: 65
- Thomas Howarth, *Charles Rennie Mackintosh and the Modern Movement*, London, 1952: 107, 113
- Christopher Hussey, *The Life of Sir Edwin Lutyens*, London, 1950: 89
- Peter Inskip, *Edwin Lutyens*, Architectual Monograph 6, London, 1979: 87
- Robert Grant Irving, *Indian Summer: Lutyens, Baker and Imperial Delhi*, New Haven, 1981: 100
- 片木篤:6, 7, 8, 9, 21, 28, 29, 30, 32, 34, 37, 39, 45, 53, 57, 58, 60, 68, 69, 76, 77, 78, 79, 80, 81, 82, 83, 84, 85, 88, 90, 91, 92, 94, 95, 96, 97, 98, 99, 103, 105, 108, 109, 111, 112, 114, 115, 117, 118, 119, 120, 121, 122, 123, 125, 126, 127, 128, 130, 132, 133, 134, 136, 137, 138, 139, 140, 141, 142, 143, 145
- Sheila Kirk, *Philip Webb: Pioneer of Arts & Crafts Architecture*, Chichester, 2005: 10
- J.D.Kornwolf, *M.H.Baillie Scott and the Arts and Crafts Movement: Pioneer of Modern Design*, Baltimore, 1971: 71, 72, 73, 74
- William Lethaby, *Philip Webb and His Work*, Oxford, 1935, reprint, London, 1979: 13, 14, 15, 17
- Robert Macleod, *Charles Mackintosh: Architect and Artist*, London, 1983: 106, 110
- Hugh Montgomery-Massingberd and David Watkin, *The London Ritz: A Social and Architectural History*, London, 1980: 144
- William Morris, *News from Nowhere and Selected Writings and Designs*, Harmondsworth, 1984: 16
- Hermann Muthesius, *Das englische Haus*, Berlin, 1904-05, reprint, 1999: 23
- Nikolaus Pevsner, *Pioneers of Modern Design: From William Morris to Walter Gropius*, revised edition, Harmondsworth, 1960, 1975: 56
- Nikolaus Pevsner, *The Sources of Modern Architecture and Design*, London, 1968: 55
- Godfrey Rubens, *William Richard Lethaby: His Life and Work 1857-1931*, London, 1986: 40, 41, 42.
- Andrew Saint, *Richard Norman Shaw*, New Haven, 1977: 22, 27, 31, 33, 35, 36, 38
- Alastair Service ed., *Edwardian Architecture and Its Origins*, London, 1975: 11, 12, 44, 46, 47, 51, 52, 102, 104, 116, 124, 131
- Alastair Service, *Edwardian Architecture*, London, 1977: 48, 50, 135
- 下村純一:2, 4, 18, 19
- Duncan Sinpson, *C.F.A.Voysey: An Architect of Individuality*, London, 1979 : 61
- Paul Thompson, *William Butterfield*, Cambridge, Mass., 1971: 5
- Victoria and Albert Museum: 3
- Ray Watkinson, *William Morris as Designer*, London, 1967: 20
- Lawrence Weaver, *Houses and Gardens by E.L.Lutynes*, London, 1913, reprint, 1981: 86

著者
片木 篤《かたぎ・あつし》

一九五四年大阪府生まれ。一九七七年東京大学工学部建築学科卒業後、同大学院及びプリンストン大学大学院修士課程修了、一九八二-八三年ケンブリッジ大学ピーターハウス・カレッジ客員研究員、一九八七年東京大学大学院博士課程修了。一九八七年京都精華大学美術学部デザイン学科講師、一九八九年名古屋大学工学部建築学科講師、現在、名古屋大学環境学研究科都市環境学専攻教授、工学博士。

主要作品　「GLASS FLATS II」(一九九三年SD賞)など

主要著書　『イギリスの郊外住宅—中流階級のユートピア』(住まいの図書館出版局、一九八七年)、『イギリスのカントリーハウス』(丸善、一九八八年)、『テクノスケープ—都市基盤の技術とデザイン』(鹿島出版会、一九九五年)、『近代日本の郊外住宅地』(編著、鹿島出版会、二〇〇〇年)、マンフレッド・タフーリ、フランチェスコ・ダル・コ『近代建築1』『近代建築2』(訳書、本の友社、二〇〇二・〇三年)など

SD選書241

アーツ・アンド・クラフツの建築

発行　二〇〇六年二月七日　第一刷©

著者　片木　篤
発行者　鹿島光一
印刷　壮光舎印刷
製本　牧製本
発行所　鹿島出版会
一〇〇-六〇〇六　東京都千代田区霞が関三-二-五　霞が関ビル六階
電話　〇三(五五一〇)五四〇〇
振替　〇〇一六〇-二-一八〇八八三

ISBN4-306-05241-9　C1352　Printed in Japan

本書に関するご意見・ご感想は左記までお寄せください。
URL　http://www.kajima-publishing.co.jp
E-mail　info@kajima-publishing.co.jp

SD選書目録

四六判（*＝品切）

001 現代デザイン入門 勝見勝著
002* 現代建築12章 L・カーン他共著 山本学治訳編
003* 都市とデザイン 栗田勇著
004 江戸と江戸城 内藤昌著
005 日本デザイン論 伊藤ていじ著
006* ギリシア神話と壺絵 沢柳大五郎著
007 フランク・ロイド・ライト 谷川正己著
008 きもの文化史 河鰭実英著
009 素材と造形の歴史 山本学治著
010* 今日の装飾芸術 ル・コルビュジエ著 前川国男訳
011 コミュニティとプライバシイ C・アレグザンダー他共著 岡田新一訳
012 新桂離宮論 内藤昌著
013* 日本の工匠 伊藤ていじ著
014 現代絵画の解剖 木村重信著
015 ユルバニスム ル・コルビュジエ著 樋口清訳
016* デザインと心理学 穐山貞登著
017 私と日本建築 A・レーモンド著 三沢浩訳
018* 現代建築を創る人々 神代雄一郎編
019 芸術空間の系譜 高階秀爾著
020 日本美の特質 吉村貞司著
021 建築をめざして ル・コルビュジエ著 吉阪隆正訳
022 メガロポリス J・ゴットマン著 木内信蔵他共訳
023 日本の庭園 田中正大著
024* 明日の演劇空間 尾崎宏次著
025 都市形成の歴史 A・コーン著 星野芳久訳
026* 近代絵画 A・オザンファン他著 吉川逸治訳
027 イタリアの美術 A・ブラント著 中森義宗訳
028 明日の田園都市 E・ハワード著 長素連訳
029* 移動空間論 川添登著
030* 日本の近世住宅 平井聖著
031* 新しい都市交通 B・リチャーズ著 曽根幸一他共訳
032* 人間環境の未来像 W・R・イーウォルド編 磯村英一他共訳
033 輝く都市 ル・コルビュジエ著 坂倉準三訳
034 アルヴァ・アアルト 武藤章著
035 幻想の建築 坂崎乙郎著
036 カテドラルを建てた人びと J・ジャンペル著 飯田喜四郎訳
037 日本建築の空間 井上充夫著
038* 環境開発論 浅田孝著
039* 都市と娯楽 加藤秀俊著
040* 郊外都市論 H・カーヴァー著 志水英樹訳
041* 都市文明の源流と系譜 藤岡謙二郎著
042 道具考 榮久庵憲司著
043 ヨーロッパの造園 岡崎文彬著
044* 未来の交通 H・ヘルマン著 岡寿麿訳
045* 古代技術 H・ディールス著 平田寛訳
046 キュビスムへの道 D・H・カーンワイラー著 千足伸行訳
047* 近代建築再考 藤井正一郎著
048* 古代科学 J・L・ハイベルク著 平田寛訳
049 住宅論 篠原一男著
050* ヨーロッパの住宅建築 S・カンタクシーノ著 山下和正訳
051* 都市の魅力 清水馨八郎、服部銈二郎共著
052* 東照宮 大河直躬著
053 茶匠と建築 中村昌生著
054* 住居空間の人類学 石毛直道著
055 空間の生命 人間と建築 坂崎乙郎著
056 環境とデザイン G・エクボ著 久保貞訳
057* 日本美の意匠 水尾比呂志著
058 新しい都市の人間像 R・イールズ他共編 木内信蔵監訳
059 京の町家 島村昇他編
060* 都市問題とは何か R・パーノン著 片桐達夫訳
061 住まいの原型Ⅰ 泉靖一編
062* コミュニティ計画の系譜 佐々木宏著
063* 近代建築 V・スカーリー著 長尾重武訳
064* SD海外建築情報Ⅰ 岡田新一編
065* SD海外建築情報Ⅱ 岡田新一編
066 天上の館 J・サマーソン著 鈴木博之訳
067 木の文化 小原二郎著
068* SD海外建築情報Ⅲ 岡田新一編
069* 地域・環境・計画 水谷頴介著
070* 都市虚構論 池田亮二著
071 現代建築事典 W・ペーント編 浜口隆一他日本語版監修
072 ヴィラール・ド・オヌクールの画帖 藤本康雄著
073* タウンスケープ T・シャープ著 長素連他訳
074* 現代建築の源流と動向 L・ヒルベルザイマー著 渡辺明次訳
075 部族社会の芸術家 M・W・スミス編 木村重信他共訳
076 キモノ・マインド B・ルドフスキー著 新庄哲夫訳
077 住まいの原型Ⅱ 吉阪隆正他共著
078 実存・空間・建築 C・ノルベルグ=シュルツ著 加藤邦男訳
079* SD海外建築情報Ⅳ 岡田新一編
080* 都市の開発と保存 上田篤、鳴海邦碩共編
081 爆発するメトロポリス W・H・ホワイトJr.他共著 小島将志訳
082 アメリカの建築とアーバニズム（上） V・スカーリー著 香山壽夫訳
083 アメリカの建築とアーバニズム（下） V・スカーリー著 香山壽夫訳
084* 海上都市 菊竹清訓著
085 アーバン・ゲーム M・ケンツレン著 北原理雄訳

086* 建築2000 C・ジェンクス著 工藤国雄訳
087 日本の公園 田中正大著
088* 現代芸術の冒険 O・ビハリメリン著 坂崎乙郎他共訳
089 江戸建築と本途帳 西和夫著
090* 大きな都市小さな部屋 渡辺武信著
091 イギリス建築の新傾向 R・ランダウ著 鈴木博之訳
092* SD海外建築情報Ⅴ 岡田新一編
093* IDの世界 豊口協著
094* 交通圏の発見 有末武夫著
095 建築とは何か B・タウト著 篠田英雄訳
096 続住宅論 篠原一男著
097* 建築の現在 長谷川堯著
098* 都市の景観 G・カレン著 北原理雄訳
099* SD海外建築情報Ⅵ 岡田新一編
100* 都市空間と建築 U・コンラーツ著 伊藤哲夫訳
101* 環境ゲーム T・クロスビイ著 松平誠訳
102* アテネ憲章 ル・コルビュジエ著 吉阪隆正訳
103 プライド・オブ・プレイス シヴィック・トラスト著 井手久登他共訳
104* 構造と空間の感覚 F・ウイルソン著 山本学治他共訳
105* 現代民家と住環境体 大野勝彦著
106 光の死 H・ゼーデルマイヤ著 森洋子訳
107* アメリカ建築の新方向 R・スターン著 鈴木一訳
108* 近代都市計画の起源 L・ベネヴォロ著 横山正訳
109* 中国の住宅 劉敦楨著 田中淡他共訳
110 現代のコートハウス D・マッキントッシュ著 北原理雄訳
111 モデュロールⅠ ル・コルビュジエ著 吉阪隆正訳
112 モデュロールⅡ ル・コルビュジエ著 吉阪隆正訳
113* 建築の史的原型を探る B・ゼーヴィ著 鈴木美治訳
114 西欧の芸術1 ロマネスク上 H・フォシヨン著 神沢栄三他共訳
115 西欧の芸術1 ロマネスク下 H・フォシヨン著 神沢栄三他共訳
116 西欧の芸術2 ゴシック上 H・フォシヨン著 神沢栄三他共訳

117 西欧の芸術2 ゴシック下 H・フォシヨン著 神沢栄三他共訳
118 アメリカ大都市の死と生 J・ジェイコブス著 黒川紀章訳
119 遊び場の計画 R・ダットナー著 神谷五男他共訳
120 人間の家 ル・コルビュジエ他共著 西沢信弥訳
121* 街路の意味 竹山実著
122* パルテノンの建築家たち R・カーペンター著 松島道也訳
123 ライトと日本 谷川正己著
124 空間としての建築(上) B・ゼーヴィ著 栗田勇訳
125 空間としての建築(下) B・ゼーヴィ著 栗田勇訳
126 かいわい[日本の都市空間] 材野博司著
127* 歩行者革命 S・プライネス他共著 岡並木監訳
128 オレゴン大学の実験 C・アレグザンダー著 宮本雅明訳
129 都市はふるさとか F・レンツローマイス著 武基雄他共訳
130 建築空間[尺度について] P・ブドン著 中村貴志訳
131 アメリカ住宅論 V・スカーリーJr.著 長尾重武訳
132 タリアセンへの道 谷川正己著
133 建築VS.ハウジング M・ポウリー著 山下和正訳
134 思想としての建築 栗田勇著
135* 人間のための都市 P・ペータース著 河合正一訳
136 都市憲章 磯村英一著
137* 巨匠たちの時代 R・バンハム著 山下泉訳
138 三つの人間機構 ル・コルビュジエ著 山口知之訳
139 インターナショナル・スタイル H・R・ヒチコック他共著 武沢秀一訳
140 北欧の建築 S・E・ラスムッセン著 吉田鉄郎訳
141 続建築とは何か B・タウト著 篠田英雄訳
142 四つの交通路 ル・コルビュジエ著 井田安弘訳
143 ラスベガス R・ヴェンチューリ他共著 石井和紘他共訳
144 ル・コルビュジエ C・ジェンクス著 佐々木宏訳
145 デザインの認識 R・ソマー著 加藤常雄訳
146 鏡[虚構の空間] 由水常雄著
147 イタリア都市再生の論理 陣内秀信著

148* 東方への旅 ル・コルビュジエ著 石井勉他訳
149 建築鑑賞入門 W・W・コーディル他共著 六鹿正治訳
150 近代建築の失敗 P・ブレイク著 星野郁美訳
151* 文化財と建築史 関野克著
152 日本の近代建築(上)その成立過程 稲垣栄三著
153* 日本の近代建築(下)その成立過程 稲垣栄三著
154 住宅と宮殿 ル・コルビュジエ著 井田安弘訳
155 イタリアの現代建築 V・グレゴッティ著 松井宏方訳
156 バウハウス[その建築造形理念] 杉本俊多著
157 エスプリ・ヌーヴォー[近代建築名鑑] ル・コルビュジエ著 山口知之訳
158 建築について(上) F・L・ライト著 谷川睦子他共訳
159 建築について(下) F・L・ライト著 谷川睦子他共訳
160* 建築形態のダイナミクス(上) R・アルンハイム著 乾正雄訳
161 建築形態のダイナミクス(下) R・アルンハイム著 乾正雄訳
162 見えがくれする都市 槇文彦他共著
163 街の景観 G・バーク著 長素連他共訳
164 環境計画論 田村明著
165* アドルフ・ロース 伊藤哲夫著
166* 空間と情緒 箱崎総一著
167 水空間の演出 鈴木信宏著
168 モラリティと建築 D・ワトキン著 榎本弘之訳
169 ペルシア建築 A・U・ポープ著 石井昭訳
170 ブルネッレスキ ルネサンス建築の開花 G・C・アルガン著 浅井朋子訳
171 装置としての都市 月尾嘉男著
172 建築家の発想 石井和紘著
173 日本の空間構造 吉村貞司著
174 建築の多様性と対立性 R・ヴェンチューリ著 伊藤公文訳
175 広場の造形 C・ジッテ著 大石敏雄訳
176 西洋建築様式史(上) F・バウムガルト著 杉本俊多訳
177 西洋建築様式史(下) F・バウムガルト著 杉本俊多訳
178 木のこころ 木匠回想記 G・ナカシマ著 神代雄一郎他共訳

179* **風土に生きる建築** 若山滋著
180* **金沢の町家** 島村昇著
181* **ジュゼッペ・テッラーニ** B・ゼーヴィ編 鵜沢隆訳
182 **水のデザイン** D・ベーミングハウス著 鈴木信宏訳
183* **ゴシック建築の構造** R・マーク著 飯田喜四郎訳
184 **建築家なしの建築** B・ルドフスキー著 渡辺武信訳
185 **プレシジョン(上)** ル・コルビュジエ著 井田安弘他共訳
186 **プレシジョン(下)** ル・コルビュジエ著 井田安弘他共訳
187 **オットー・ワーグナー** H・ゲレツェッガー他共著 伊藤哲夫他共訳
188 **環境照明のデザイン** 石井幹子著
189 **ルイス・マンフォード** 木原武一著
190 **「いえ」と「まち」** 鈴木成文他著
191 **アルド・ロッシ自伝** A・ロッシ著 三宅理一訳
192 **屋外彫刻** M・A・ロビネット著 千葉成夫訳
193 **「作庭記」からみた造園** 飛田範夫著
194 **トーネット曲木家具** K・マンク著 宿輪吉之典訳
195 **劇場の構図** 清水裕之著
196 **オーギュスト・ペレ** 吉田鋼市著
197 **アントニオ・ガウディ** 鳥居徳敏著
198 **インテリアデザインとは何か** 三輪正弘著
199* **都市住居の空間構成** 東孝光著
200 **ヴェネツィア** 陣内秀信著
201 **自然な構造体** F・オットー著 岩村和夫訳
202 **椅子のデザイン小史** 大廣保行著
203 **都市の道具** GK研究所、榮久庵祥二著
204 **ミース・ファン・デル・ローエ** D・スペース著 平野哲行訳
205 **表現主義の建築(上)** W・ペーント著 長谷川章訳
206 **表現主義の建築(下)** W・ペーント著 長谷川章訳
207 **カルロ・スカルパ** A・F・マルチャノ著 浜口オサミ訳
208 **都市の街割** 材野博司著
209 **日本の伝統工具** 土田一郎著 秋山実写真

210 **まちづくりの新しい理論** C・アレグザンダー他著 難波和彦監訳
211 **建築環境論** 岩村和夫著
212 **建築計画の展開** W・M・ペニヤ著 本田邦夫訳
213 **スペイン建築の特質** F・チュエッカ著 鳥居徳敏訳
214 **アメリカ建築の巨匠たち** P・ブレイク他著 小林克弘他共訳
215 **行動・文化とデザイン** 清水忠男著
216 **環境デザインの思想** 三輪正弘著
217 **ボッロミーニ** G・C・アルガン著 長谷川正允訳
218 **ヴィオレ・ル・デュク** 羽生修二著
219 **トニー・ガルニエ** 吉田鋼市著
220 **住環境の都市形態** P・パヌレ他共著 佐藤方俊訳
221 **古典建築の失われた意味** G・ハーシー著 白井秀和訳
222 **パラディオへの招待** 長尾重武著
223 **ディスプレイデザイン** 魚成祥一郎監修 清家清序文
224 **芸術としての建築** S・アバークロンビー著 白井秀和訳
225 **フラクタル造形** 三井秀樹著
226 **ウイリアム・モリス** 藤田治彦著
227 **エーロ・サーリネン** 穂積信夫著
228 **都市デザインの系譜** 相田武文、土屋和男共著
229 **サウンドスケープ** 鳥越けい子著
230 **風景のコスモロジー** 吉村元男著
231 **庭園から都市へ** 材野博司著
232 **都市・住宅論** 東孝光著
233 **ふれあい空間のデザイン** 清水忠男著
234 **さあ横になって食べよう** B・ルドフスキー著 多田道太郎監修
235 **間(ま)——日本建築の意匠** 神代雄一郎著
236 **都市デザイン** J・バーネット著 兼田敏之訳
237 **建築家・吉田鉄郎の『日本の住宅』** 吉田鉄郎著
238 **建築家・吉田鉄郎の『日本の建築』** 吉田鉄郎著
239 **建築家・吉田鉄郎の『日本の庭園』** 吉田鉄郎著
240 **建築史の基礎概念** P・フランクル著 香山壽夫監訳